Zensho W. Kopp

Die ZEN-Ochsenbilder

Zensho W. Kopp

Die ZEN-Ochsenbilder

Der Pfad zur Erleuchtung

2. Auflage, 2020
Veröffentlicht im Synergia Verlag, Basel, Zürich, Roßdorf
eine Marke der Sentovision GmbH, www.synergia-verlag.ch

Covergestaltung: Michel Schmidt
Bilder Innenteil: Jikihara Gyokusei
Bilder Schriftzeichen: ©123rf.de, Shutterstock
Bilderoptimierung: Reinhard Zanella
Portrait Rückseite: Verena Kopp
Zitat Rückseite: ©Zen no bokugyuzu, Sogensha Japan, 1975
Typografie und Satz: Torsten Zander
Lektorat: Verena Beau

Printed in EU
ISBN -13: 978-3-907246-18-4

Bibliografische Information der Deutschen Bibliothek
Die Deutsche Bibliothek verzeichnet diese Publikation in der deutschen Nationalbibliographie; detaillierte bibliografische Daten sind im Internet unter http://dnb.de abrufbar.

Inhalt

Vorwort

Dieses äußerst wertvolle Grundlagenwerk des Zen-Buddhismus ist das gemeinsame, geniale Werk von zwei großen Zen-Meistern des 12. und des 21. Jahrhunderts und einem der bekanntesten japanischen Zen-Maler unserer Zeit.

Die Grundlage bilden die Zen-Gedichte und Anmerkungen des chinesischen Zen-Meisters Kakuan Shien, die ohne die erhellenden Kommentare eines ebenfalls erleuchteten Zen-Meisters der Gegenwart nur schwer verständlich wären. Der Grund hierfür findet sich in der äußerst tiefgründigen, symbolreichen Sprache von Kakuans wundervollen Gedichten voller Poesie und ebenfalls in seinen Anmerkungen.

Die Ochsenbilder des Zen wurden bei uns im Westen im Laufe der Zeit in mehreren Büchern veröffentlicht. Doch keines vermochte es, den tiefen Sinngehalt des Werkes zu erfassen und zum Ausdruck zu bringen. Der wesentliche Grund für diesen Mangel ist darin zu sehen, dass es einem unerleuchteten Bewusstsein niemals möglich sein kann, den Zen-Weg zur Erleuchtung klar darzulegen, ohne selbst erleuchtet zu sein.

Deshalb schätzen wir, die Herausgeber, uns glücklich, dass Zen-Meister Zensho dieses sehr wichtige

Praxisbuch des Zen jetzt neu übertragen und ausführlich kommentiert hat. Zenshos Worte sind ein Ausdruck seines erleuchteten Bewusstseins. Sie sind von oftmals provozierender, unmittelbarer Direktheit, sehr anschaulich, leicht verständlich und lebensnah.

Zenshos Kommentare ermöglichen dem Leser erstmals einen tiefen Zugang zum klaren Verständnis der geheimnisvollen Wahrheit der zehn Ochsenbilder des Zen.

Ohne diese äußerst wertvollen Erläuterungen eines Zen-Meisters unserer Zeit, der aus der gleichen verwirklichten Bewusstseinsdimension schöpft wie Zen-Meister Kakuan im 12. Jahrhundert, bliebe uns der tiefe Sinngehalt dieses herausragenden Werkes der Zen-Literatur verschlossen.

Den größten Nutzen wird der Leser aus dem Buch ziehen, wenn er immer wieder innehält, um das Gelesene auf sich wirken zu lassen. Die Tiefe der in diesem Buch enthaltenen Aussagen wird so bei wiederholtem Lesen und in noch stärkerem Maße in der direkten Anwendung immer klarer werden.

Möge dieses Buch allen, die es lesen, zur Verwirklichung ihres unsterblichen, wahren Selbst verhelfen.

Wiesbaden, März 2018
Zen-Zentrum Tao Chan — Die Herausgeber

Danksagung

Die in diesem Buch in Tusche gemalten Ochsenbilder des japanischen Malers Jikihara Gyokusei sind eindrucksvolle Beispiele der Nanga-Pinselmalerei im traditionell chinesischen Stil.

Zen-Meister Zensho und die Herausgeber danken dem Zen Mountain Monastery, Mount Tremper, New York, für die freundliche Zurverfügungstellung und Druckgenehmigung der Bilder, die mit diesem Buch jetzt einer breiten Öffentlichkeit zugänglich sind.

Zen

Einführung

Dieses zeitgemäße Praxisbuch des Zen ist ein Klassiker der Zen-Literatur und gehört zu den grundlegenden, wesentlichen Schriften des Zen-Buddhismus. Es ist ein äußerst wertvoller Wegführer auf dem Pfad zur Erleuchtung und eine unerschöpfliche Quelle der geheimnisvollen Weisheit des Zen.

Von allen Darstellungen der verschiedenen Ebenen der spirituellen Verwirklichung auf dem Weg des Zen ist keine so tiefgründig und zugleich so faszinierend wie die zehn Ochsenbilder des Zen. So sagt der japanische Zen-Meister Zenkei Shibayama (20. Jh.):

> Seit der Frühzeit des Zen-Buddhismus gibt es eine ganze Reihe von Schriften, um die Übungswege und Lehren des Zen zu erklären.
> Es gab jedoch kein Buch, das sie so klar und deutlich veranschaulichte wie die ›Zehn Ochsenbilder des Zen‹. Sie erklären sie vollständig und enthüllen die tiefe Wahrheit des Zen.

Die symbolische Darstellung des Zen-Wegs zur Erleuchtung, anhand einer in Bildern aufgezeigten Geschichte von einem Hirten auf der Suche nach seinem verloren gegangenen Ochsen, seinem wahren Selbst, stammt aus der Blütezeit des Zen im alten China. Die ursprüngliche Fassung des Bilderzyklus, der aus sechs und später acht Bildern bestand, malten buddhistische Lehrer des Soto-Zen, die die Auffassung einer allmählich fortschreitenden Erleuchtung vertraten.

Alle diese Darstellungen hatten in gleicher Weise versucht, den fortlaufenden Prozess der Zen-Schulung durch einen schwarzen Ochsen, der von Bild zu Bild immer weißer wurde, aufzuzeigen. Die schwarze Farbe bezog sich hierbei auf den befleckten, durch geistige Verblendung verunreinigten Geist.

Doch im 12. Jahrhundert hat sie der chinesische Zen-Meister Kakuan Shien in einer Version mit zehn Ochsenbildern erneut gemalt und zu jedem Bild ein Gedicht mit Anmerkungen hinzugefügt. Kakuan lebte und lehrte im Zen-Tempel Liang-shan, Tingdschou, in China. Er war der geistige Erbe von Zen-Meister Tai-sui Yüan-ching von der Lin-chi-Traditionslinie und gehörte zur 12. Generation nach Lin-chi.

Kakuans Ochsenbilder zeigen, anders als die früheren Darstellungen, keinen immer weißer werdenden Ochsen – sein Ochse bleibt auf allen Bildern unverändert schwarz. Auf diese Weise bringt er klar zum Ausdruck, dass der ursprüngliche Geist in Wirklichkeit niemals befleckt wurde, da er ewig rein und unveränderlich ist.

Hierdurch erhebt sich Kakuan über die alte, begrenzte Sichtweise früherer Ochsenbuch-Autoren und verkündet:

> Das strahlende Licht des Einen Geistes leuchtet seit zeitloser Ewigkeit und nichts vermag ihn zu verdunkeln.

Dies ist der wesentliche Kerngedanke, der sich wie ein goldener Faden durch Kakuans geniales Werk der ›Zehn Ochsenbilder des Zen‹ zieht.

Dies bedeutet jedoch nicht, dass es bei Kakuans zehn Ochsenbildern keinen Entwicklungsprozess des geistigen Reifens gibt. Denn sein Zen ist das südliche, dynamische Lin-chi-Zen der unmittelbaren Erkenntnis durch Bewusstwerdung des Geistes bis zum vollkommenen Erwachen in der Verwirklichung der plötzlichen Erleuchtung.

Diese Version von Zen-Meister Kakuans zehn Ochsenbildern des Zen hat als nie versiegender Quell der tiefen Weisheit des Zen und der sicheren geistigen Wegführung in Japan nach der Ashikaga-Periode weiteste Verbreitung gefunden. Sie wurde als wesentliche Zen-Schrift von einzigartigem Wert geachtet und als das bedeutendste Ochsenbilderbuch angesehen.

Obwohl Kakuans Ochsenbilder, die vielen Malern als Vorbild dienten, im Laufe der Zeit verloren gingen, so blieben uns doch glücklicherweise seine großartigen Gedichte von höchster Aussagekraft mit den ergänzenden Anmerkungen erhalten. Diese Texte bilden, in Verbindung mit den genialen Tuschemalereien des japanischen Zen-Malers Jikihara Gyokusei (1904-2005), die Grundlage dieses Buches.

Gyokusei ist ein in Japan hochgeschätzter zeitgenössischer Maler und praktizierte Zen bei Zen-Meister Zenkai Shibayama. Seine in diesem Buch in Tusche gemalten Ochsenbilder sind einzigartige Beispiele der Nanga-Pinselmalerei im traditionell chinesischen Stil. Die Gemälde, die den Geist des Zen atmen, sind Ausdruck von Gyokuseis meisterhafter Beherrschung der Tuschemalerei und ragen durch die Einzigartigkeit seiner Pinselführung hervor.

Doch was hatte Zen-Meister Kakuan dazu veranlasst, zu der im 12. Jahrhundert bestehenden Fassung von acht Bildern noch zwei weitere hinzuzufügen und so eine Fassung von zehn Ochsenbildern zu schaffen? Die bis dahin bestehende Bildfolge früherer Autoren der Ochsenbilder endete mit dem achten Bild, dem leeren Kreis ›Enso‹ – im Zen das Symbol der Erleuchtung – so, als wäre der Zen-Weg da zu Ende.

Doch Kakuan geht als wahrer, vollkommen verwirklichter Zen-Meister mit seinen zwei hinzugefügten, äußerst bedeutungsvollen Bildern noch über diese begrenzte Vorstellung von Erleuchtung hinaus. Seine Version ist reines, lebendiges Zen und geht noch viel weiter und tiefer als frühere Darstellungen, die mit dem achten Ochsenbild endeten.

So sehen wir auf seinem neunten Bild eine schöne Naturidylle als Hinweis darauf, dass der Erleuchtete in seiner Verwirklichung der nicht-unterscheidenden Klarschau des Geistes in der allumfassenden Ganzheit des Seins lebt. Mit den Worten Kakuans:

> Zum Ursprung ist er zurückgekehrt.
> Er betrachtet das wechselnde Entstehen und Vergehen allen Lebens in der Welt und verweilt in gelassenem Nicht-Tun.

In seinem Erwachen aus dem Traum von Geburt und Tod hat er sich über jede Dualität erhoben, und so verwandelt sich die ganze Welt für ihn in die große Offenbarung der transzendenten Weisheit. Er erlebt nun alles Seiende ausnahmslos als die zeitlose Wirklichkeit des Einen Geistes, und wenn er handelt, dann ist alles, was er tut, die wunderbare Tat Buddhas.

Auf dem zehnten, letzten Ochsenbild sehen wir, wie der Erleuchtete mit einem breiten Lachen über das ganze Gesicht den Marktplatz in der Welt betritt. In seiner vollkommenen Verwirklichung der Erleuchtung mischt er sich in seinem großen Erbarmen und in völliger Freiheit unter die Menschen, um sie von ihrem leidverursachenden Nichtwissen zu befreien, so dass sie zu ihrem wahren Selbst erwachen. So sagt Kakuan:

> Schankwirten und Fischhändlern weist er den Weg des Erwachens zu ihrem wahren Selbst.

Zen ist der Weg der ›plötzlichen Erleuchtung‹. Dies ist das wesentliche Merkmal des Zen der alten großen chinesischen Meister wie Hui-neng, Ma-tsu oder Lin-chi gegenüber allen anderen Lehren des Buddhismus. Doch sollten wir uns dabei bewusst sein, dass die plötzliche Erleuchtung nicht rein zufällig, ganz unvermittelt einfach so geschieht, ohne jegliche geistige Vorbereitung.

Die Bezeichnung ›plötzliche Erleuchtung‹ bedeutet vielmehr, dass der wahre, direkte Zen-Weg zur Befreiung nicht, wie bei den meisten buddhistischen Schulrichtungen, aus vorgegebenen, dogmatisch festgelegten Stufen besteht. Denn das Festhalten an vorher festgelegten Stufen unterdrückt und verhindert sogar die schöpferische Fähigkeit zum intuitiven, direkten Verstehen und beschränkt den freien Geist.

Demzufolge dürfen wir auch nicht den Fehler machen, die systematische Reihenfolge bei Kakuans Ochsenbildern als einen Stufenweg zur Erleuchtung zu verstehen. Denn dies würde nicht dem wahren, freien Geist des Zen entsprechen und wäre ihm sogar vollkommen entgegengesetzt. Wir befinden uns jedoch nicht im Widerspruch zu dem Grundsatz des Zen der plötzlichen Erleuchtung, wenn wir von einem fortschreitenden geistigen Reifeprozess sprechen.

Der Zen-Weg des Erwachens zu unserem wahren Selbst im Sinne der zehn Ochsenbilder weist also unterschiedliche Grade der geistigen Verwirklichung auf, wenn auch die Erleuchtung sich nach einem längeren Prozess des geistigen Reifens ganz plötzlich, in einem Augenblick, ereignet.

In einem Nu, in einem einzigen begnadeten Augenblick, weitet sich der Geist ins Grenzenlose und es eröffnet sich uns eine vollkommen neue Sicht, die unser ganzes Sein verwandelt.

So weisen uns also Kakuans zehn Ochsenbilder des Zen in diesem Buch den ›Zen-Weg der plötzlichen Erleuchtung durch spirituelle Verwirklichung‹.

Frühjahr 2018 Zensho W. Kopp

禅

Zen-Weg

Die ZEN-Ochsenbilder

Der Pfad zu Erleuchtung

Der Geist-Ochse ist unser ursprüngliches, allerinnerstes Wesen. Sein heller Glanz des klaren Lichtes leuchtet seit zeitloser Ewigkeit.

Zen-Meister Kakuan Shien

I.

Die Suche nach dem Ochsen

Gedicht und Anmerkung von Kakuan

Trostlos in der endlosen Wildnis dieser Welt
bahnt er sich seinen Weg durch das hohe
Gras auf der Suche nach seinem Ochsen.
Namenlosen Flüssen folgend, verirrt auf den
verschlungenen Pfaden ferner Gebirge.
Völlig erschöpft, sein Herz ist verzweifelt,
kann er den Ochsen nicht finden.
Im Abendnebel hört er nur das Zirpen
der Zikaden.

Der Ochse ist in Wirklichkeit niemals verloren gegangen. Wozu ihn also suchen? Nur wegen der Trennung von seiner wahren Natur kann er ihn nicht finden.
In der Verwirrung seiner Sinne hat er in staubiger Weite seine Spur verloren. Weit abgeirrt von seiner Heimat begegnet er einem Wirrsal von Wegen. Doch welcher ist der richtige? Begehren nach Gewinn und Angst vor Verlust entbrennen wie aufflammendes Feuer, und Vorstellungen über Recht und Unrecht erheben sich gegeneinander wie Speerspitzen auf dem Schlachtfeld.

Kommentar von Zensho

Trostlos in der endlosen Wildnis dieser Welt bahnt er sich seinen Weg durch das hohe Gras auf der Suche nach seinem Ochsen.

Im Zen-Buddhismus symbolisiert der Ochse die Wirklichkeit unseres wahren Seins. Wer sich auf die Suche nach seinem verlorenen Ochsen begibt, befindet sich auf dem Weg zu seinem wahren Selbst, seiner immanenten Buddha-Natur. Dies veranschaulichen sehr eindrücklich die zehn Ochsenbilder, indem sie den Zen-Weg zur Befreiung vom Beginn der spirituellen Suche bis zur vollkommenen Erleuchtung und dem anschließenden Wirken des Erleuchteten in der Welt aufzeigen.

In allem Sein und Leben leuchtet das strahlende Licht des Einen Geistes als die Wirklichkeit unseres wahren Selbst. Es gibt nur ein einziges Sein, den Einen Geist, neben dem nichts anderes existiert, er ist die einzige Realität im tiefsten Grunde aller Lebewesen und Dinge.

Wir alle leben in unmittelbarer Einheit mit diesem unserem wahren Sein – nichts könnte näher sein. Als die aus sich selbst seiende Wirklichkeit ist es im Allerinnersten eines jeden Menschen stets gegenwärtig. Es ist jene universelle, ewige Wahrheit, von der die großen erleuchteten Meister aller Religionen über die Jahrtausende hinweg gekündet haben, so dass der Mensch aus seinem Traum von Geburt und Tod erwacht und sein wahres, geburtloses, unsterbliches Selbst erfährt.

Im Allgemeinen sind die Menschen aber davon überzeugt, dass ihr Leben mit der Geburt begann und mit dem Tod vergehen wird. Doch dies ist ein gewaltiger, verhängnisvoller Irrtum. Denn dies bezieht sich nur auf unseren materiellen Körper. Die Wahrheit des Zen ist jedoch, dass es ein wahres Selbst, als die ewige, zeitlose Wirklichkeit unseres wahren Seins gibt, das nicht geboren wurde und niemals stirbt.

Unsere Geburt ist nicht der Beginn des Lebens, denn unser wahres Sein geht der Geburt voraus, das heißt – wir sind Leben. Und wenn unser wahres Sein schon vor der Geburt ist, dann wird es auch nach dem Tod sein. Die Erkenntnis dieser unserer ursprünglichen, unsterblichen Wesens-Natur ist der eigentliche Sinn unseres Lebens und somit das wichtigste Ziel unserer menschlichen Existenz. Darum ist das Innewerden und Erwachen zu unserem geburt- und todlosen wahren Selbst des Lebens höchste Erfahrung.

Was du in deinem Leben auch erreichen magst, sei es Reichtum, Ansehen oder Macht, so bleibt doch immer ein Gefühl des Ungenügens und der damit verbundenen Unzufriedenheit. All diese Dinge können dich nicht wirklich erfüllen, und sie entsprechen nicht deinem eigentlichen Grundbedürfnis, denn in Wahrheit sehnst du dich nach etwas ganz anderem. Doch das, wonach du dich sehnst und was du suchst, ohne genau zu wissen, was du eigentlich suchst, lässt sich nicht, so sehr du dich auch bemühst, im Äußeren finden.

Du kannst es einzig und allein nur in dir selbst finden. Denn es ist deine eigentliche Bestimmung, in dir selbst deinen allerinnersten Wesensgrund zu erfahren. Er ist stets gegenwärtig, ohne dass du dir dessen bewusst bist. Deshalb heißt es in Zen-Meister Kakuans Anmerkung zum ersten Ochsenbild:

Der Ochse ist in Wirklichkeit niemals verloren gegangen. Wozu ihn also suchen?
Nur wegen der Trennung von seiner wahren Natur kann er ihn nicht finden.

Ein alter Zen-Spruch lautet: »Wo willst du deinen Ochsen suchen, wenn du bereits schon auf dem Ochsen sitzt, den du suchst?« Deine tiefste Geist-Essenz ist von Natur aus gegeben und gehört ursprünglich nicht dem Bereich der Verwirklichung an. Wie könnte sie also verloren gehen? Nur weil du dich von der Wirklichkeit deines wahren Seins abgewandt hast, hast du deinen Geist-Ochsen im hohen Gras, im Rankengewirr deiner geistigen Verblendung, verloren. Dies zeigt auch das folgende Beispiel:

> Ein Zen-Mönch kommt zu dem chinesischen Zen-Meister Joshu (9. Jh.) und fragt ihn:
> »Was ist der Sinn dessen, dass unser großer Lehrer Bodhidharma (6. Jh.), der erste Patriarch des Zen, aus dem Westen gekommen ist?«
> Joshu antwortet:
> »Eine Kuh ist aus dem Stall ausgebrochen.«

Die zehn Ochsenbilder des Zen beruhen auf genau dieser einen Situation, dass die Kuh, also der Geist-Ochse, aus dem Stall deines geistigen Gewahrseins ausgebrochen ist. Und jetzt musst du deinen Geist-Ochsen, das heißt – dein wahres Selbst – wiederfinden.

Wer bin ich? Was ist mein wahres Selbst? Was ist der eigentliche Sinn des Lebens? Was geschieht mit mir im Tod? Diese Fragen bedeuten das Gleiche wie ›die Suche nach dem Geist-Ochsen‹, es ist die Suche nach der Wirklichkeit deines wahren Selbst.

Wenn du auf diese sehr wesentlichen Fragen keine Antwort im Sinne einer dein ganzes Sein durchleuchtenden Erkenntnis findest, dann hast du dein Leben vollkommen verfehlt. Denn solange du nicht weißt, wer und was du im tiefsten Grunde deines Seins wirklich bist, ist dein ganzes Tun und Trachten, welcher Art auch immer, egal was du erreichst, vollkommen sinnlos, denn du hast am wahren Sinn des Lebens vorbeigelebt.

> *In der Verwirrung seiner Sinne hat er in staubiger Weite seine Spur verloren.*

In der Veräußerlichung deiner Sinne lebst du in stupider Routine und gleichgültiger Unbewusstheit dein Leben am Wesentlichen vorbei und verlierst dich in den Nebensächlichkeiten des täglichen Lebens. Doch es ist äußerst dringlich, dass du dich ›jetzt‹, ohne zu zögern, auf die Suche nach dem Geist-Ochsen, deinem wahren Selbst, machst. Sonst wird dein Tod nur der jämmerliche Abschluss eines sinnlos vergeudeten Lebens sein. Deshalb spricht der chinesische Zen-Meister Jung-chia (8. Jh.) die mahnenden Worte:

> Die Sache von Leben und Tod ist gewaltig und die Vergänglichkeit packt blitzschnell zu. Wie kann man sich da noch mit Nebensächlichkeiten beschäftigen?

Bedauerlicherweise sind die meisten Menschen jedoch vollkommen unempfänglich für diese unleugbare Tatsache, so dass ihnen die Einsicht zur Notwendigkeit einer geistigen Umkehr fehlt. Doch wenn du in deinem gegenwärtigen Leben durch die Wirkung deines positiven Karmas einen guten spirituellen Lehrer findest oder gar einem erleuchteten Meister begegnest, der dich führt, so dass du dir deines wahren Selbst bewusst wirst, so ist das ein großer Segen.

In dieser Rückbesinnung auf deine in Vergessenheit geratene wahre, göttliche Natur, erwächst in dir die Sehnsucht nach Befreiung, denn du hast erkannt, dass dir das Wesentliche fehlt. Du hast dich selbst verloren und weißt nicht mehr, wer und was du wirklich bist.

Dies ist die Situation des ersten Ochsenbildes, bei dem der Hirte sich auf den Weg macht, um seinen verlorenen Geist-Ochsen, sein wahres Selbst, wiederzufinden. Doch wo soll er suchen? In der Verwirrung seiner Sinne hat er in staubiger Weite seiner geistigen Verblendung die Spur des Ochsen verloren und weiß den Weg nicht. So sagt Kakuan:

Weit abgeirrt von seiner Heimat begegnet er einem Wirrsal von Wegen. Doch welcher ist der richtige?

»Welcher Weg ist der richtige?«, fragt Zen-Meister Kakuan in seiner Anmerkung zum Gedicht. Doch wie kann man wissen, was der richtige Weg ist, solange man noch nicht zur geistigen Klarsicht gelangt ist?

Namenlosen Flüssen folgend, verirrt auf den
verschlungenen Pfaden ferner Gebirge.
Völlig erschöpft, sein Herz ist verzweifelt,
kann er den Ochsen nicht finden.

Die Suche nach dem Geist-Ochsen, deinem wahren Selbst, gestaltet sich für dich als schwierig, weil dir die Wahrheit, die du suchst, nicht nur unbekannt, sondern weil sie auch unbenennbar und somit ›namenlos‹ ist.

Folgst du jedoch den Konzepten festgelegter Lehren, dann folgst du den scheinbar sicheren Pfaden der Flüsse ›mit‹ Namen. Wie sollte es dir aber möglich sein, deinen Geist-Ochsen als dein ureigenstes, wahres Selbst zu finden, wenn du, verirrt im Gebirge festgefügter Konzepte, den verschlungenen Pfaden dogmatischer Spekulationen folgst?

Welcher Religion oder Philosophie du dich auch zuwenden magst, so musst du dich auf deinem geistigen Transformationsprozess zur Befreiung irgendwann auch wieder von den engen Fesseln einer festgelegten Lehre befreien. Denn es geht auf dem Weg des Zen letztlich darum, zur unmittelbaren Wahrnehmung dessen zu gelangen, was stets und immer in und um uns als unser allereigenstes wahres Sein gegenwärtig ist.

»Dass es nichts zu erreichen gibt, sind keine leeren Worte, sondern die allerhöchste Wahrheit«, sagt der chinesische Zen-Meister Huang-po (9. Jh.). Es gibt keine Lehre zu studieren. Dies ist die wesentliche Grundvoraussetzung zum Verständnis des Zen.

Doch wenn du dich in dem Labyrinth buddhistischer Gelehrsamkeit verlierst und nur nach außen gewandt suchst, dann hast du dich von deinem eigenen Geist-Ochsen abgewandt. Du hast dich von der Wahrheit des Zen abgewandt und dich im Abendnebel deiner geistigen Umnachtung verloren. Deshalb sagt der chinesische Zen-Meister Lin-chi (9. Jh.):

> Ihr haltet euch an Benennungen und Sprüche,
> und diese werden euch zum Hindernis und verschleiern euch die Wahrnehmung der Wahrheit.
> Doch lasst nur euer unterscheidendes Denken und Suchen zur Ruhe kommen.
> Vertraut dem, was gerade jetzt in euch wirkt,
> und es gibt nichts mehr zu suchen.

Hinter jeder Antwort, die man mit den Mitteln des unterscheidenden, begrifflichen Denkens gefunden hat, erhebt sich eine neue Frage, und je mehr man auf das Ziel zugeht, umso mehr entfernt man sich von ihm. In der Zen-Schrift Shodoka, dem ›Gesang von der Verwirklichung des Weges‹ von dem chinesischen Zen-Meister Yung-chia aus dem 8. Jh. steht der Ausspruch:

Unmittelbar die Wurzel abschneiden,
das ist das Siegel des Buddha.
Um das Aufsammeln von Blättern
und die Suche nach Zweigen
kümmere ich mich nicht.

Die höchste Wahrheit kann nicht in Worten ausgedrückt werden, weil sie jenseits all dessen liegt, was Sinne und Verstand zu fassen vermögen. Jeder noch so gut gemeinte Versuch, die unaussagbare Wirklichkeit innerhalb der Grenzen der beschränkten menschlichen Sprache zu beschreiben, kommt dem Versuch gleich, den Himmel mit einem Netz einfangen zu wollen, und ist vollkommen sinnlos und bringt nur Verwirrung.

Die meisten Menschen halten sich jedoch an ihren konditionierten Vorstellungen fest und bewegen sich so nur innerhalb ihrer selbst geschaffenen Grenzen. Die Folgeerscheinung ist, dass sie das, was über ihr begrenztes Vorstellungsvermögen hinausgeht, für falsch halten. Auf diese Weise projizieren sie ständig eine Ansammlung von dunklen Wolken des unterscheidenden, begrifflichen Denkens, die die grenzenlose Weite des Geistes und somit ihr eigenes göttliches Sein überdecken.

Begehren nach Gewinn und Angst vor Verlust entbrennen wie aufflammendes Feuer, und Vorstellungen über

Recht und Unrecht erheben sich gegeneinander wie Speerspitzen auf dem Schlachtfeld.

Wenn du solcherart gefangen bist im Rankengewirr des unterscheidenden, begrifflichen Denkens, dann lebst du nur im Da und Dort, und dir entgeht das Entscheidende des gegenwärtigen Augenblicks. Verweilst du mit deinem Bewusstsein in der Vergangenheit oder in der Zukunft, dann versäumst du die ständige Anwesenheit des göttlichen Seins in der absoluten Gegenwart des Jetzt. Denn die göttliche Wirklichkeit ›ist‹ das zeitlose Jetzt.

Im Abendnebel hört er nur das Zirpen der Zikaden.

Es geht in der Praxis des Zen darum, dass du dich bemühst, dich von den Schatten des gewohnheitsmäßigen, konditionierten Denkens und dem ständig fließenden Strom der Gedanken zu befreien, die wie Zikaden in deinem Bewusstsein zirpen.

In diesem fortschreitenden Prozess deiner geistigen Klarheit wirst du zugleich fähig, jedes gewohnheitsmäßige Sich-an-etwas-Festhalten außer Kraft zu setzen. Alle deine Anstrengungen, dich mit deinem ganzen Sein auf dieses Ziel zu konzentrieren, sind die eigentliche Zen-Praxis. Die höchste Wahrheit ist jenseits aller Worte, aller Begriffe, aller Vorstellungen und jenseits allen

Annehmens und Verwerfens. Deshalb sagt auch der chinesische Zen-Meister Pao-chi (9. Jh.): »Äußeres Wissen ist nichts anderes als Nichtwissen. Warum also im Äußeren nach einem Schatz suchen, wenn dein Allerinnerstes sein eigenes strahlendes Juwel birgt? In letzter Konsequenz ist alles Suchen im Äußeren leer und nichtig und führt nur zu geistiger Erschöpfung. Deshalb suche nichts anderes als den klaren, leeren Raum des Geistes. Es gibt nicht ein einziges Ding, das erlangt werden könnte.«

»Es gibt nichts zu suchen, denn es gibt nichts zu erlangen!« Dies ist die grundlegende Wahrheit des Zen. Denn es gibt keinen Raum, wo irgendwelche Dinge voneinander entfernt sein könnten, und es gibt keine Zeit, in der irgendetwas noch nicht oder nicht mehr ist. Alles ist ein Zugleich, in einem gegenseitigen Durchdringen aller Dinge.

Das, was die Wahrnehmung des Geist-Ochsen – deiner ursprünglichen wahren Natur – verhindert, ist nichts anderes als die Macht der gewohnheitsbedingten, dualistischen Täuschung. Doch wenn dein Geist vollkommen frei wäre von Begriffen und Vorstellungen, von Annehmen und Verwerfen, wie könnte es dann noch zu Täuschungen und konditionierten Vorstellungen kommen? Dein subjektives Unterscheiden, das ständige Ergreifen und Zurückweisen, raubt dir deine geistige

Unabhängigkeit und lässt dich so dem hypnotischen Einfluss der Dinge anheimfallen. All das muss fallen. Dann wirst du erleben, dass der Geist-Ochse, den du suchst, in seiner ganzen Herrlichkeit stets gegenwärtig ist, weil er schon immer gegenwärtig war. Er war schon immer da, nur ›du‹ warst nicht da.

Wo du dich auch befinden magst, die allumfassende Wirklichkeit deines wahren Seins ist in dir und um dich herum stets gegenwärtig. Du kannst dich dem Geist-Ochsen nicht entziehen, sei es in der Stille einer schönen idyllischen Landschaft oder mitten im Trubel der Welt. Deshalb sagt Zen-Meister Hui-neng, der sechste Patriarch des Zen, im achten Jahrhundert: »Überall, auch inmitten der weltlichen Leidenschaften und irrigen Meinungen, wohnt das ungeborene, uranfängliche wahre Selbst.«

Alles, was und wo es auch sei, birgt in sich selbst den Geist-Ochsen, deine ungeborene, ewige Buddha-Natur. Doch in deiner geistigen Verblendung bist du blind für die Wirklichkeit und so suchst du dein wahres Selbst außerhalb von dir selbst.

Die Zen-Praxis im Sinne der ›Zehn Ochsenbilder‹ besteht deshalb darin, deine geistige Blickrichtung von der Suche im Äußeren nach innen umzuwenden und deinen verloren gegangenen Geist-Ochsen in dir selbst wiederzufinden. Da dieses Entdecken aber jenseits allen intellektuellen Verstehens liegt, muss es, als die alles Verstehen übersteigende Wahrheit, zur tatsächlichen eigenen Erfahrung werden.

Hierzu bedarf es jedoch der ernsthaften geistigen Schulung unter der Führung eines wahren Meisters auf deinem spirituellen Weg und eines unerschütterlichen großen Vertrauens in die ursprüngliche Reinheit deines eigenen Geistes. Der Meister kennt und zeigt dir den Weg, der dich zu deinem verlorenen Ochsen führt. Wesentlich ist aber letztlich dein konsequenter, ganzer Einsatz, um deinen Geist-Ochsen wiederzufinden. Der Meister weist dir zwar den Weg, doch gehen musst du ihn selbst.

Wenn du dich in dieser Weise ernsthaft um das Finden der Wahrheit jenseits aller Worte bemühst, dann wirst du auch in deiner kontinuierlichen Beharrlichkeit in der Praxis des Zen die Fußspuren des Ochsen finden.

II.

Das Entdecken der Fußspuren

Gedicht und Anmerkung von Kakuan

Am Flussufer, unter den Bäumen,
entdeckt er die Spuren des Ochsen!
Sogar unter dem duftenden Gras
sieht er seine Fährte.
Wie weit der Ochse auch laufen mag,
bis in die tiefsten Schluchten
der fernen Gebirge:
Die Fährte ist so wenig zu übersehen
wie die eigene Nase, die zum Himmel
emporschaut.

Durch das Verstehen der Lehre findet er die Fußspuren des Ochsen. Er erkennt nun, dass alle Dinge, wie verschieden sie auch gestaltet sind, alle von dem gleichen Gold sind und dass alles Seiende nicht verschieden ist von seinem eigenen Wesen.
Doch kann er noch nicht das Wahre vom Unwahren unterscheiden. Noch hat er nicht das Tor durchschritten, aber er hat den Pfad erkannt.

Kommentar von Zensho

Am Flussufer, unter den Bäumen, entdeckt er die Spuren des Ochsen! Sogar unter dem duftenden Gras sieht er seine Fährte.

Durch ernsthafte Beschäftigung mit der Lehre des Zen wird dir bewusst, dass die Wahrheit nur jenseits aller Worte und nicht in Worten und Buchstaben zu finden ist. Doch du hast durch die Praxis des Zen ein gewisses Verständnis der Lehre erlangt – du hast die Spuren des Ochsen gefunden.

Durch das Verstehen der Lehre findet er die Fußspuren des Ochsen.

Wie weit dein anfängliches, verstandesmäßiges Verstehen aber auch gehen mag, so reicht es doch niemals aus, die tiefe Wahrheit des Zen zu erfassen. Denn alle geistigen Darlegungen der erleuchteten Meister, die Sutras und die Lehren, sind, so wertvoll sie auch sein mögen, nur die Fußspuren des Ochsen, doch nicht der Geist-Ochse selbst.

Doch erst wenn du alle theoretischen Lehren übersteigst und zum Grundlegenden gelangst, wird sich dir der Geist-Ochse offenbaren. Solange du noch auf äußere

Lehren und geborgte Glaubenssätze vertraust, bist du von der Wirklichkeit deines wahren Seins noch sehr weit entfernt. Du bist gebunden durch die Konzepte der Wahnvorstellungen des unterscheidenden, begrifflichen Denkens und hast dich selbst begrenzt. Hierzu die folgende Begegnung:

> Ein Mönch fragt Zen-Meister Yüan-wu (12. Jh.):
> »Was ist die grundlegende Wahrheit der heiligen Lehre?« Yüan-wu erwidert:
> »Ein Pfosten, um einen Esel dranzubinden.«

Stelle alle religiösen und philosophischen Glaubenssätze infrage! Sie sind, in den Augen des Zen, nichts weiter als gehirnakrobatische Spekulationen und Auslegungen des neurotischen Verstandes. Du brauchst an kein religiöses Dogma zu glauben. Denn Dogmen sind nichts weiter als Fesseln für den freien Geist und eine Behinderung auf dem Weg zur Befreiung. Sie sind, ebenso wie die buddhistischen Regeln und Riten, in den Augen der alten chinesischen Zen-Meister nur hinderliche Rückstände des dualistischen Denkens.

Die alten chinesischen Zen-Meister verwiesen stets mit äußerstem Nachdruck darauf, dass es im Zen nichts zu lernen und nichts zu erlangen gibt, und lehrten deshalb nichts anderes als den ›Buddha-Dharma‹, das

Buddha-Gesetz, die Wahrheit vom Einen Geist, neben dem nichts anderes existiert. Im Zen bezeichnet Buddha-Dharma, im Gegensatz zu dem konventionellen, herkömmlichen Buddhismus, keine Lehre, die durch Worte vermittelt werden kann, sondern die dem unterscheidenden, begrifflichen Denken unzugängliche höchste Wahrheit.

Es ist jene essenzielle Wahrheit, die zu Buddhas Lehre führte und die nur in einem unmittelbaren, intuitiven Begreifen in der Erleuchtungserfahrung ›Satori‹ erfasst werden kann.

Daher verweisen Zen-Meister stets unmittelbar auf den Herz-Geist des Menschen, auf dass er sein wahres Selbst erkennt und Buddhaschaft erlangt. So sagt der chinesische Zen-Meister Fen-yang (11. Jh.): »Wenn du verblendet und voller Zweifel bist, helfen selbst tausend heilige Schriften dem nicht ab. Hast du aber das Begreifen verwirklicht, so ist ein Wort schon zu viel. Zen wird persönlich übermittelt, durch Wiedererkennen des Herz-Geistes. Es wird nicht äußerlich durch aufgeschriebene Worte weitergegeben.«

Die Wahrheit, als die Wirklichkeit unseres wahren Seins, im Äußeren zu suchen und als etwas von einem selbst Verschiedenes zu sehen, entspricht der dualistischen Denkweise des intellektuellen Verstehens. Da wir uns aber bereits mitten in dieser Wahrheit befinden und durch diese Wahrheit leben, können wir von ihr nicht unterschieden oder getrennt sein. Deshalb sagt der chinesische Zen-Meister Ta-hui (12. Jh.): »Der Bereich der Erleuchteten ist kein äußerer Bereich mit sichtbaren Zügen. Buddhaschaft ist der Bereich des höchsten Wissens, das man nur in sich selbst findet.«

Hier unterscheidet sich der Weg des Zen-Buddhismus radikal von allen anderen religiösen Systemen und philosophischen Lehren. Denn Zen ist eine reine Erfahrungsangelegenheit von direkter Unmittelbarkeit. Dies kommt in der Zusammenfassung der vier wesentlichen Grundmerkmale des Zen in der frühen Tang-Dynastie in China zum Ausdruck:

1. Übertragung außerhalb der orthodoxen Lehre
2. Unabhängigkeit von heiligen Schriften
3. Direktes Deuten auf den Herz-Geist
4. Schau in die eigene Natur und Erlangen der Buddhaschaft

Zen hat nur ein einziges Anliegen: Es will alle deine Verhaftungen an Worte und Vorstellungen, welcher Art auch immer, gründlich zerstören, damit du aus dem Traum von Geburt und Tod erwachst.

Doch dürfen wir hierbei nicht den Fehler machen, von Anfang an das Lesen der für das Verständnis der

Wahrheit des Zen grundlegenden und wesentlichen Schriften zu vermeiden. Denn ohne ein zumindest anfängliches Verständnis der theoretischen Grundlagen wird man wohl kaum verstehen, um was es in der Praxis des Zen eigentlich geht.

Denn so wie man vom Seichten ins Tiefe fortschreiten muss, so ist es für einen ernsthaft Praktizierenden auf dem Zen-Weg von großem Wert, wenn man sich mit den wesentlichen Schriften des Zen auseinandersetzt. Doch wenn du dies für ausreichend hältst und dabei stehen bleibst, so ist das ein verhängnisvoller Irrtum.

Die Aussagen der alten chinesischen Zen-Meister sind großartig, sie sind wunderbar, genial. Ihre erleuchteten Worte künden von der tiefen Wahrheit des Zen und sind von unschätzbarem Wert. Aber du darfst dabei nicht vergessen, dass die Wahrheit, nach der du in den Schriften der alten Meister suchst, nichts anderes ist als dein ureigenstes, wahres Sein.

Du suchst etwas, was du in Wirklichkeit selbst bist – auch wenn du es tragischerweise vergessen hast und nicht mehr weißt, wer und was du im Grunde deines Wesens bist. Deshalb weisen alle Buddhas und Patriarchen, alle die großen Meister des Zen, ständig geradewegs auf den ›Herz-Geist‹ des Menschen hin, auf dass der Mensch sein geburt- und todloses, wahres Wesen erkennt und Buddhaschaft erlangt.

Aber die Menschen können und wollen in ihrer geistigen Verblendung nicht glauben, dass der eigene Geist der vollkommene Buddha ist, und so klammern sie sich in ihrer geistigen Unbewusstheit an äußere Lehren und suchen die Wahrheit außerhalb von sich selbst.

Doch nur wenn du selbst eintauchst – unmittelbar, direkt hineinspringst in den Ozean der Weisheit, in den grenzenlosen Ozean des Einen Geistes – dann weißt du, was die Wahrheit ist. Willst du wissen, wie ein Apfel schmeckt? Beiß rein und du weißt es. Willst du wissen, was Wasser ist? Trinke es – oder spring hinein in das Wasser! Dies ist der Weg des Zen.

Viele Worte verwirren das Gemüt, doch wo die Worte schweigen, beginnt das Unendliche. Alles Denken ist eine irrtümliche Meinung, und was dabei herauskommt, sind alles nur leere Begriffe. Doch das Ewige liegt dahinter und erleuchtet mit seinem strahlenden Licht das ganze Universum.

Dieser erleuchtende Selbst-Geist ist ein allumfassendes Ganzes, das alles in wundervoller Weise in sich beschlossen hält. In diesem Augenblick, genau hier, an diesem Ort, offenbart er sich als die Wirklichkeit, nach der du suchst. Diese Wirklichkeit deines wahren Seins zeigt sich ›jetzt-hier‹, sie liegt weder in der Vergangenheit noch in der Zukunft. Denn die Vergangenheit ist schon vorüber, und die Zukunft existiert noch nicht.

Vergangenheit und Zukunft sind nichts anderes als Gedanken, die im gegenwärtigen Moment im Geist erscheinen. Die Erfahrung von Zeit ist demzufolge nichts anderes als Denken. Doch »alles Denken ist eine irrtümliche Meinung«, heißt es im Zen, und somit ist Zeit nicht existent. Der chinesische Zen-Meister Huang-po (9. Jh.), einer der größten Meister in der Geschichte des Zen, drückt es folgendermaßen aus:

> Sobald Gedanken aufsteigen, verfällst du dem Dualismus. Anfangslose Zeit und der gegenwärtige Augenblick sind das Gleiche.
> Es gibt kein Zuvor und kein Danach. Nur wegen deines Nichtwissens unterscheidest du zwischen beidem. Würdest du jedoch verstehen, wie könnte es dann noch eine Unterscheidung geben?

Das Jetzt ist die zeitlose Ewigkeit selbst, und Raum und Zeit sind nichts anderes als Folgeerscheinung des Denkens und somit Illusion. Von entscheidender Bedeutung ist, dass du dir bewusst machst, dass die Wahrheit, die du suchst, als dein allereigenstes wahres Selbst jetzt-hier stets gegenwärtig ist. Deshalb heißt es ja auch im Text zum ersten Ochsenbild: »Der Ochse ist in Wirklichkeit niemals verloren gegangen. Wozu ihn also suchen?«

Wahres Suchen im Geiste des Zen ist somit, ›dass du lernst, dass es nichts zu lernen und zu suchen gibt‹. Denn wo nichts gesucht wird, ist der ungeborene Geist gegenwärtig. Er ist auch stets gegenwärtig, während du ihn suchst. Aber gerade durch dein ständiges Suchen und wiederkäuendes Grübeln überdeckst du diese strahlende Herrlichkeit deines wahren Seins mit den dunklen Wolken des unterscheidenden Denkens.

> Ein Mönch fragte Zen-Meister Joshu: »Die weiße Kuh auf weitem Feld – wie ist die?«
> Joshu erwiderte: »Unter dem Mondlicht gibt es kein Bedürfnis nach Farbe.«
> Der Mönch fragte: »Wovon ernährt sich denn die Kuh?«
> Joshu: »Sie kaut niemals auf etwas herum.«
> Der Mönch bat: »Meister, bitte antwortet.«
> Joshu sagte: »Es ist einfach so, dass ich so bin.«

Die strahlende Herrlichkeit des Einen Geistes ist allgegenwärtig, und so gibt es nichts zu erreichen, dies ist die absolute Wahrheit. Du brauchst wirklich nichts zu tun, außer dich auf das einzulassen, was du im Grunde deines Wesens bist.

Den Weg des Zen zu gehen bedeutet, dass du dich mit deinem ganzen Sein auf die Unmittelbarkeit des

Hier und Jetzt ganz einlässt – überall, zu jeder Zeit, wo du auch bist und was du gerade auch tust. Denn da die Wirklichkeit die allumfassende Ganzheit des Seins ist, umfasst sie den leeren, grenzenlosen Raum und die drei Zeiten Vergangenheit, Gegenwart und Zukunft in einem einzigen Jetzt.

Die Fülle des göttlichen Seins ist stets gegenwärtig und offenbart sich jetzt-hier, in diesem Augenblick, genau da, wo du jetzt bist. Wenn du den gegenwärtigen Augenblick versäumst, lebst du in der Illusion von Zeit und versäumst das wirkliche Leben. Denn das Leben geschieht nicht gestern und nicht morgen, sondern immer nur im gegenwärtigen Augenblick des ›Jetzt‹. Dies zeigt uns auch das folgende Mondo:

> Ein Zen-Novize kam zu dem chinesischen Zen-Meister Nansen (9. Jh.) und sagte:
> »Meister, ich bin noch neu im Kloster und suche den Weg zur Erleuchtung. Bitte gebt mir einen Rat, wie ich ihn finden kann.«
> Meister Nansen fragte: »Hörst du das Rauschen des Flusses? Wenn ja, das ist der Weg.«

Sei also, mit deinem ganzen Sein, ›jetzt‹, in diesem Augenblick, wirklich ›hier‹! Geh vollkommen auf in der unmittelbaren Gegenwart des Seins! Dies ist der Zen-

Weg des direkten, augenblicklichen Erfassens der Wirklichkeit, so wie sie ist.

Zen ist der radikale Weg der direkten, unmittelbaren Erkenntnis, ohne alles überflüssige Drum und Dran. Es gibt keine hochgelehrten, wortreichen Erklärungen ab und bedient sich keiner umständlichen Umschreibungen und Verallgemeinerungen. Denn keine noch so wortreichen Erklärungen werden den nach Befreiung Suchenden seinem wahren Wesen näher bringen. Durch diese ursprüngliche, unmittelbare und spontane Lehrmethode hebt es den Verstand aus den Angeln und schließt das Denken kurz.

> Eines Tages kam ein Zen-Mönch zu Zen-Meister Joshu und fragte ihn: »Welches Zen wurde damals von dem ersten Patriarchen Bodhidharma aus Indien nach China gebracht?«
>
> Joshu antwortete: »Was hat es für einen Sinn, über eine solch alte Geschichte zu sprechen? Was ist ›jetzt‹, in diesem Moment, ›dein‹ Zen?«

Zen verweist stets auf die unmittelbare Erfahrung der reinen Wahrheit und weist mit äußerstem Nachdruck auf das eigene Herz, ohne sich in das Rankengewirr von Gedanken und Begriffen zu verstricken. Das Hauptmerkmal des Zen ist zweifellos seine Unfassbarkeit. Wie das Wasser, das durch die Finger rinnt, entzieht es sich jeder Begriffsbestimmung. Die Dinge sind vollkommen klar, aber sie werden unklar durch dein unterscheidendes, begriffliches Denken, und der Geist-Ochse, den du suchst, entfernt sich immer weiter. Deshalb sieht ein Zen-Meister seine besondere Aufgabe darin, seinen Schüler aus dem Gefängnis seines Verstandes zu befreien, so dass sich ihm das innere Auge der Weisheit öffnet.

> Ein sehr belesener Buddhist fragt Zen-Meister Lin-chi: »Es ist doch so, dass die drei buddhistischen Schulrichtungen die zwölffache Lehre und das Wesen Buddhas erklären?«
> Lin-chi sagt: »Hast du dein Unkraut immer noch nicht ausgejätet?«

Zen kann niemals zum Gegenstand logischer Überlegungen und Erklärungen gemacht werden. Seine Wahrheit muss vielmehr im Innersten erlebt werden, um wirklich verstanden zu werden. Wesentlich im Zen ist deshalb immer die durch die Praxis des Zen herbeigeführte geistige Entwicklung zum intuitiven Begreifen anstelle des intellektuellen Studiums.

Durch die Verwirklichung dieses intuitiven Begreifens hast du bei diesem zweiten Ochsenbild in deiner geistigen Transformation in eine höhere Bewusstseinsebene ein Gefühl für die allumfassende Ganzheit des Seins bekommen.

> *Er erkennt nun, dass alle Dinge, wie verschieden sie auch gestaltet sind, alle von dem gleichen Gold sind und dass alles Seiende nicht verschieden ist von seinem eigenen Wesen.*

Himmel, Sonne, Mond und Sterne, die Berge, die Flüsse und alle Lebewesen haben ein einziges, ganzheitliches Sein. Alle Erscheinungen sind eine wunderbare Offenbarung des Geist-Ochsen. Das Rauschen des Talbaches und der Gesang der Vögel sind Stimmen der absoluten universellen Wahrheit, und der stille grüne Berg ist der Leib Buddhas. Alles ist der Eine Geist, neben dem nichts anderes existiert. Unendlich und alldurchdringend durchstrahlt er das ganze Universum.

Alles, was es auch sei, alles ist das Eine. Alle Erscheinungen sind eine Offenbarung der einen Wirklichkeit und durchdringen einander vollständig ohne jedes Hindernis. Diese Wahrheit der allumfassenden Ganzheit des Seins, ›Hua-yen‹, ist die Krone aller buddhistischen Lehren und zugleich eine Synthese aller wesentlichen Gedanken des Mahayana.

Im Hua-yen wird der universelle Eine Geist mit einer grenzenlosen Meeresoberfläche verglichen, in der alle Dinge und Ereignisse in einem gegenseitigen Durchdringen ein allumfassendes Ganzes sind, das alles in sich beschlossen hält. Alles befindet sich in vollkommener Harmonie miteinander, denn alles ist die Manifestation des einen grundlegenden Geistes, ähnlich den Wellen auf dem Meer. Alles im Universum, ob belebt oder unbelebt, ist somit der Eine Geist, neben dem nichts anderes existiert.

Der Wahrnehmende, der Wahrnehmungsprozess und das Wahrgenommene – alles ist ein einziges Sein. »Form ist Leere, und Leere ist Form«, sagt uns das Hridaya-Sutra, das ›Herzens-Sutra von der vollkommenen Weisheit‹, das täglich in den zenbuddhistischen Klöstern rezitiert wird. Form ist Leere, ›Shunyata‹. Leer, das heißt ohne Eigensubstanz, ohne Sein aus sich selbst. Es ist nur Erscheinung – nur leere Form.

> Als Zen-Meister Hui-chung (8. Jh.) einmal bei Hofe war, fragte ihn Kaiser Su-dsung: »Meister, welche hohen Erkenntnisse habt ihr erlangt?«
> »Seht ihr die Wolken am Himmel, Majestät?«, erwiderte der Meister.
> »Freilich, die sehe ich«, sagte der Kaiser.
> »Nun frage ich eure Majestät, denkt ihr, dass die Wolken an den Himmel genagelt oder an ihm aufgehängt sind?«

Du kannst auf die Leere kein Brett nageln, heißt es im Zen. Alle Dinge sind leer, ohne Substanz, es gibt nichts, woran man festhalten könnte. Sie sind wie Wolken, die am Himmel vorüberziehen und deren Bestimmung es ist, sich irgendwann wieder aufzulösen. Alle Dinge unserer äußeren Erscheinungswelt sind nichts anderes als leere Formen. Das heißt: Sie sind nichts anderes als leer.

Leer bedeutet jedoch nicht, dass die von uns wahrgenommene Welt nicht existiert, sondern – dass sie nichts anderes als eine reine Erscheinung ohne Realität ist. Mit anderen Worten: Sie ist nicht ›nicht existent‹, sondern ›unreal‹. Diese beiden Begriffe sind in ihrer Bedeutung grundverschieden und dürfen nicht miteinander verwechselt werden.

Ein rundes Dreieck zum Beispiel können wir uns noch nicht einmal vorstellen, und somit ist es ›nicht existent‹. Eine Fata Morgana hingegen gehört zu den existenten Dingen, obwohl sie unwirklich ist und somit keinerlei Realität hat, und dies heißt, sie ist ›unreal‹. Die buddhistische Auffassung von der Leerheit aller Erscheinungen ist also kein nihilistischer Standpunkt. Es geht ihr vielmehr darum, klarzustellen, dass alle Dinge leer sind, da ihnen jegliche zugrunde liegende Substanzialität fehlt.

Die allgemeine Vorstellung ist, unser Bewusstsein nehme die Sinneseindrücke von außen auf, doch das ist ein gewaltiger Irrtum. Denn alles geschieht im eigenen Geist. Es gibt keine Erscheinungen, die nicht Geist sind, denn – aus ihm, durch ihn und in ihm sind alle Dinge.

Wenn du wirklich ernsthaft entschlossen bist, deinen verlorenen Geist-Ochsen wiederzufinden, dann ist ein unerschütterliches Vertrauen in die Leerheits-Doktrin des Buddhismus mit der ›Nur-Geist-Lehre‹ unbedingte Voraussetzung. Deshalb solltest du dein ganzes früheres Wissen und Verstehen aufgeben und auf die Welt wie auf eine Sinnestäuschung blicken. Alles, was du siehst, ist nur ein illusorisch-magisches Schauspiel des Geistes, wie Luftspiegelungen, leere Bilder – so wie der Mond, der sich im Wasser spiegelt.

Das Nichterkennen dieser universellen Wahrheit gilt im Mahayana und im Zen-Buddhismus als die eigentliche Grundursache für das Gebundensein an den Samsara – den Kreislauf von Geburt und Tod. Dieses Nichtwissen ist die Wurzel allen Leidens, denn es ist jene Geistesverfassung, die mit der Wirklichkeit nicht übereinstimmt. Die Nichterkenntnis der Leere aller Dinge und der trügerischen Natur aller Erscheinungen ist somit die eigentliche Ursache allen Leidens.

Doch nicht nur die äußere Erscheinungswelt, sondern auch alle gewohnten Gedanken, die Leidenschaften, alle geistigen Verwirrungen und Gefühle sind gleichermaßen ohne Substanz, nicht wirklich, sondern wurzellos und fließend. Somit sind auch alle Hindernisse auf deinem Weg zur Befreiung, die aus den Karma erzeugenden Leidenschaften erwachsen, ursprünglich nicht existent. Denn Ursache und Wirkung sind nichts weiter als ein Traum, ohne jede Wirklichkeit.

Es gibt keine äußere Erscheinungswelt, die du überwinden könntest, noch gibt es so etwas wie eine Erleuchtung, die zu erlangen wäre. Die Wirklichkeit deines wahren Seins und die äußere Welt sind ein und dasselbe. Alles, was du wahrnimmst, sind nur Projektionen deines eigenen Geistes, so wie im Traum, und demzufolge der Geist selbst. Nichts kommt von außerhalb des Geistes. Wenn du meinst, etwas von außen wahrzunehmen, bedeutet dies nur, dass es im Bewusstsein erscheint.

Wie weit der Ochse auch laufen mag,
bis in die tiefsten Schluchten der fernen Gebirge:
Die Fährte ist so wenig zu übersehen
wie die eigene Nase, die zum Himmel
emporschaut.

Alles ist der Eine Geist, neben dem nichts anderes existiert. Wohin du auch gehst, und sei es bis in die tiefsten Schluchten der fernen Gebirge, so ist alles, was du wahrnimmst, der Geist-Ochse, dein wahres Sein, das du suchst. Überall ist der Geist-Ochse gegenwärtig, du kannst dich ihm nicht entziehen. Da dir jedoch in deiner geistigen Verblendung noch die rechte Unterscheidung fehlt, sagt Kakuan in seiner Anmerkung zum Gedicht:

> *Doch kann er noch nicht das Wahre vom Unwahren unterscheiden. Noch hat er nicht das Tor durchschritten, aber er hat den Pfad erkannt.*

Wenn du auf dem Zen-Weg auch zu einem gewissen intuitiven Verständnis gelangt bist, so hat sich dein geistiges Auge noch nicht geöffnet. Du hast noch längst nicht das Tor zur Befreiung durchschritten. Aber du hast den Pfad erkannt und die Spuren entdeckt, die dich zu deinem wahren Selbst, dem verlorenen Geist-Ochsen, führen werden.

III.

Das Finden des Ochsen

Gedicht und Anmerkung von Kakuan

Hell ertönt der Gesang der Nachtigall.
Die Sonne scheint sanft, der Wind weht mild,
die Weiden am Flussufer sind grün.
Dort steht der Ochse, nichts kann ihn
mehr verbergen.
Welcher Künstler vermag wohl diesen
prachtvollen Kopf mit den herrlichen
Hörnern zu malen?

Wenn man die Stimme hört, kann man den Ursprung erspüren. Sobald die sechs Sinne verweht sind, hat man das Tor durchschritten. Wo man auch hingeht, überall sieht man den Kopf des Ochsen. Diese Einheit ist wie Salz im Wasser und Farbe in der Tinte. Nicht einmal das allerkleinste Ding ist verschieden vom wahren Selbst.

Kommentar von Zensho

Hell ertönt der Gesang der Nachtigall. Die Sonne scheint sanft, der Wind weht mild, die Weiden am Flussufer sind grün.

In deiner Wandlung zur höheren Bewusstseinsebene wirst du empfindsam für alles Seiende. Du wirst immer wacher und bewusster für die Selbstoffenbarung des Einen Geistes in allen Dingen. Du hörst den Gesang der Nachtigall und kannst den Ursprung der Stimme als das Offenbarwerden der göttlichen Wirklichkeit erspüren. Deshalb heißt es in Zen-Meister Kakuans Anmerkung zum Gedicht:

> *Wenn man die Stimme hört, kann man den Ursprung erspüren. Sobald die sechs Sinne verweht sind, hat man das Tor durchschritten. Wo man auch hingeht, überall sieht man den Kopf des Ochsen.*

Hierzu sagt der chinesische Zen-Meister Hong-zhi (12. Jh.):

> Wenn die Wahrnehmung von Gegenständen dich nicht blendet, siehst du, dass alle Dinge das Licht des Geistes sind. Mit jedem Schritt gehst du über alle Grenzen hinaus, vollkommen frei, nirgends

dich aufhaltend. Mit großer Klarheit und ungezwungenem, offenem Gewahrsein gehst du auf die Welt ein.

Was heißt das, wenn ›die sechs Sinne verweht sind‹, so dass die Wahrnehmung von Gegenständen dich nicht blendet? Geblendet sein heißt verwirrt sein durch die vielen Erscheinungen einer scheinbaren, äußeren Welt. Wenn dein Geist von Sinneseindrücken nicht beeinflusst wird, dann wirst du nicht von der Wahrnehmung von äußeren Erscheinungen verwirrt, und du wirst erkennen, dass alle Erscheinungen der Geist selbst sind.

Es geht also darum, mitten durch die äußere Welt der Erscheinungen hindurchzugehen und das Selbst-Gewahrsein des Geistes zu bewahren. Du nimmst etwas wahr, schaust hin und bleibst dabei im geistigen Gewahrsein und somit in deiner Mitte. Und dann kannst du genau erkennen, wie in deinem Geist die Tendenz entsteht, zu dem Wahrgenommenen Bezug zu nehmen in Form von Annehmen und Verwerfen.

Doch dadurch, dass du einfach nur hinschaust, ohne etwas verändern zu wollen, kann das Denken sich nicht verselbstständigen, und du bleibst entspannt im heiter-gelassenen Selbst-Gewahrsein. Der chinesische Zen-Meister Ta-hui (12. Jh.) gibt uns eine gute Beschreibung dieses aktiven Zen-Wegs: »Jenes höchste Gewahrsein des Geistes, das du so eifrig in der Stille geübt hast, sollst du vor allem auch dann anwenden, wenn du in den äußeren Tumult des täglichen Lebens verstrickt bist. Wenn du das zu schwierig findest, bedeutet das nur, dass du noch nicht genügend geistiges Gewahrsein aus der Zen-Meditation in der Stille gewonnen hast.

Bist du davon überzeugt, dass das Meditieren in der Stille besser ist als das Meditieren während der Tätigkeit, dann bist du in die Falle gegangen, nach der Wirklichkeit zu suchen, indem du die äußeren Manifestationen fliehst, und hast die Ursache deiner geistigen Verwirrung verkannt.

Wenn du dich nach Ruhe sehnst und den Wirbel und Lärm verabscheust, ist es an der Zeit, deine ganze Kraft ins Werk zu setzen. Plötzlich wird die Verwirklichung, um die du so hart in deinen stillen Meditationen gerungen hast, inmitten allen Lärms dir zuteilwerden.«

Es besteht kein Zweifel, dass dieser kraftvolle Zen-Weg der aktiven Meditation mitten im Tumult der Welt der sicherste und schnellste Weg ist, um zu einem ständigen Erleben der allumfassenden, alldurchdringenden Gegenwart des göttlichen Seins zu gelangen.

In der Praxis des Zen geht es also darum, zu einer Klarheit des Bewusstseins zu gelangen, die dich über jede Illusion der Vielheit erhebt. Auf diese Weise wirst du immer mehr verstehen und erleben, dass alle Dinge, alle

Erscheinungen, alles, was du siehst und was dir begegnet, der Geist-Ochse, das heißt der Eine Geist selbst ist, in der Erscheinungsweise dessen, als was er dir erscheint.

Alles ist ein großes, allumfassendes Ganzes, das alles auf eine wunderbare, vollkommene Weise in sich beschlossen hält. Du schaust hinaus, und dieses, dein Hinausschauen, ist, da es keine dualistische Sicht der Wahrnehmung mehr ist, ein Nicht-Hinausschauen.

Deshalb heißt es auch in einem alten Zen-Spruch: »Mit den Augen hören und mit den Ohren sehen ist wahres Verstehen.« Hier gibt es kein Außen und kein Innen, da ist nur noch reines ›So-Sein‹, Tathata – die leere, wahre Natur aller Dinge. In dieser Geistesverfassung des Bewusstwerdens der allumfassenden Ganzheit alles Seienden gelangst du in einem begnadeten Moment der Innenschau auf den Grund des Seins und wirst dir deines wahren Wesens bewusst.

Dies ist der Augenblick, in dem du eine Einsicht in die wahre Natur aller Dinge und das eigene Selbst erlangst und deinen Geist-Ochsen in dir selbst entdeckst. Du hast das Tor zum Kensho, der Selbst-Wesensschau, durchschritten und deinen Geist-Ochsen, dein wahres Selbst, wiedergefunden!

Im Bi-yän-lu, der ›Niederschrift von der smaragdenen Felswand‹ aus dem 12. Jh., eine der wesentlichen Schriften des Zen mit einer Sammlung von 100 Koans, findet sich der folgende Ausspruch von dem chinesischen Zen-Meister Yüan-wu:

> Völlig klar und offenbar – der Ochse auf freiem Feld. Scharfe Augen und offene Ohren hat er. Doch sagt mir: Was ist der Ochse auf freiem Feld?

> **Dort steht der Ochse, nichts kann ihn mehr verbergen. Welcher Künstler vermag wohl diesen prachtvollen Kopf mit den herrlichen Hörnern zu malen?**

Dieser Absatz in unserem Gedicht zum dritten Ochsenbild klingt zwar wie ein schöner poetischer Zusatz. Doch in Wahrheit handelt es sich dabei um einen Hinweis von großer Aussagekraft.

Das Gedicht beschreibt den prachtvollen Kopf des Ochsen mit seinen herrlichen Hörnern, obwohl auf dem Bild nur sein Hinterteil zu sehen ist. Sein Kopf ist unsichtbar und befindet sich zwischen den hohen Gräsern und Sträuchern. Dies bringt zum Ausdruck, dass dein Geist, in diesem flüchtigen Moment der Wesensschau, noch nicht zur vollendeten Klarschau gelangt ist. Da er auf dieser Stufe noch im Rankengewirr des unterscheidenden Denkens gefangen ist, kannst du deshalb auch nur einen kleinen Teilaspekt der Wirklichkeit erkennen.

Willst du aber den ganzen Geist-Ochsen mit seinem prachtvollen Kopf und den herrlichen Hörnern erkennen und malen, dann musst du selbst zum Geist-Ochsen werden, das heißt – dein wahres Selbst verwirklichen.

Hierzu eine Geschichte aus dem alten China:

Ein Maler, der im chinesischen Reich als großer Künstler geehrt wurde, bekam vom Kaiser den Auftrag, für ihn ein großes Gemälde von einem Drachen zu malen, der sehr lebendig wirken sollte. Doch trotz aller Bemühungen gelang es dem Maler nicht, ein solches Gemälde mit einem lebendig wirkenden Drachen zu malen. Viele Monate vergingen und der Kaiser wurde immer ungeduldiger.
Eines Tages, als der Maler wieder einmal voller Verzweiflung vor einem misslungenen Bild stand, streckte plötzlich ein riesiger Drache seinen Kopf zum Fenster herein und sprach zu dem zu Tode erschrockenen Maler: »Du kannst dich so viel anstrengen, wie du willst. Doch wenn du mich so malen willst, wie ich wirklich bin, dann musst du dich selbst vollkommen vergessen und selbst zum Drachen werden.«

Dies bringt auch die folgende Begebenheit mit Zen-Meister Nansen auf anschauliche Weise zum Ausdruck:

> Als Zen-Meister Nansen im Sterben lag, fragte ihn der Mönch vom ersten Sitz: »Was wird aus euch in hundert Jahren wohl geworden sein?«
> Nansen: »Ein Wasserbüffel am Fuße dieses Berges.«
> Der Mönch: »Darf ich euch dorthin folgen?«
> Nansen: »Wenn du das tun willst, dann musst du einen Grasbüschel in deinem Maul halten!«

Wenn auch du dem alten Meister Nansen folgen willst, dann gibt es für dich, ob es dir gefällt oder auch nicht, nur eine einzige Möglichkeit: »Du musst im Sterben deiner scheinbaren Persönlichkeit, des ›Ich-Wahns‹, selbst zum Wasserbüffel, zum Geist-Ochsen werden.« Mit den Worten des dem Zen sehr verwandten christlichen Mystikers Meister Eckhart: »Will der Mensch Gott erfahren, dann muss er zu einem Vergessen seiner selbst und aller Dinge gelangen.«

Solange du jedoch deine Identität noch von deinem Verstand ableitest, wird dein ganzes Leben ausschließlich vom Ich-Wahn, dem Ego, bestimmt. Denn wenn du dich, aus deinem Mangel an geistiger Klarsicht, mit deinem Verstand und seinem unterscheidenden, begrifflichen Denken identifizierst, bist du ein Gefangener der Raum-Zeit-Illusion und steckst fest in der Zwangsjacke deiner selbstverursachten Konzepte.

Aus dieser Fehlinterpretation ergibt sich in der Folge eine gewaltige Summe negativer Konsequenzen, denn sie ist die eigentliche Ursache allen menschlichen Leidens. Denn solange du dein wahres Selbst nicht erkennst und nicht weißt, wer du wirklich bist, erschafft dein Denken ein vorgestelltes, personifiziertes Ich mit seiner Tendenz des Ergreifens und Ablehnens. Dieses als Ersatz für dein wahres Selbst von deinem Nichtwissen erschaffene Pseudo-Selbst ist voller Ängste und Bedürfnisse, da es stets bemüht ist, sein falsches Selbstgefühl aufrechtzuerhalten.

Deshalb bist du stets bestrebt, allem Widerstand zu leisten, was die Stabilität und Vollständigkeit deines fälschlichen Ichgefühls gefährden könnte. Durch diese dualistische Geisteshaltung erheben sich so alle mitmenschlichen und sonstigen Konflikte und somit Leid für dich und andere.

Die Wurzel all deiner Illusionen und Leiden liegt also einzig und allein in deiner Ich-Wahn bedingten Vorliebe für dich selbst. Ohne dieses verselbstständigte, gewohnte Konzept der identifizierten Ich-Vorstellung gibt es keine Dualität, und somit gibt es auch keine Wahnvorstellung einer für sich bestehenden Persönlichkeit. Denn das, was du im Allgemeinen als deine eigene Persönlichkeit bezeichnest, ist in Wahrheit nichts weiter als ein Prozess psychisch-physischer Phänomene ohne jede Wirklichkeit.

All das, womit du dich in deinem Nichtwissen identifizierst, deine ganzen Erinnerungen, beginnend von den ersten Tagen deiner Kindheit an, dieses ganze Erinnerungsgeflecht deiner toten Vergangenheit, bildet deine vermeintliche Individualität.

Auf diese Weise klammert sich das falsche Selbst, der Ich-Wahn, der sich über das unterscheidende Denken definiert, fest an die Illusion von Zeit, denn er ist sich mit erschreckender Klarheit bewusst, dass der gegenwärtige Augenblick des ›Jetzt‹ seine Auflösung, das heißt seinen sicheren Tod, bedeuten würde. Deshalb tut er alles in seiner Macht stehende, um die Illusion von Zeit aufrechtzuerhalten, und ist stets bestrebt, von der Gegenwart des Jetzt wegzustreben.

Dieses in der Zeit-Illusion gefangene, dualistische Denken bewirkt, dass sich dein Bewusstsein als gesondert von allem, was es wahrnimmt, erfährt, und so häuft sich Irrtum auf Irrtum. Es erheben sich Ich und Du, Richtig und Falsch, Gut und Böse, und du bist gefangen im Rankengewirr deines unterscheidenden, begrifflichen Denkens. Somit ist deine vermeintliche Persönlichkeit nichts weiter als eine Marionette, die an den Fäden ihrer eigenen Konditionierungen hängt.

»Sei jetzt hier, wende deinen Geist um und schau auf dein wahres Angesicht vor deiner Geburt«, heißt es im Zen. Alles andere ist nur unnötiger Energieverbrauch und reine Zeitverschwendung. Denn alles Analysieren, warum dem so ist oder nicht so ist und wer oder was du bist, manövriert dich nur immer mehr hinein in das Rankengewirr des samsarischen Kreislaufs von Geburt und Tod. Und bedenke, gerade im Moment der größten Verwirrung kannst du vom Tod ereilt werden.

Deshalb, sieh die Dinge so, wie sie wirklich sind, ohne das Konzept deiner dualistischen Interpretation. Das ist die richtige, nicht-identifizierte Betrachtungsweise eines Zen-Praktizierenden, das ist der Weg zur alles vollendenden Klarschau des Geistes.

Hast du den Geist-Ochsen, dein wahres Sein, in der Selbst-Wesensschau, dem ›Kensho‹, gefunden, dann bist du dir deines uranfänglichen, wahren Wesens bewusst und du gelangst zu einem Bewusstseinszustand des hellklaren Gewahrseins des Geistes.

In dieser Erfahrung befindest du dich im Einklang mit dir selbst und allen Dingen. Dein Bewusstsein ist nicht mehr das des Getrenntseins in der Weise von: ›Hier bin ich und da ist die Welt.‹ Vielmehr verstehst du jetzt, dass dein Geist alle Dinge ist und alle Dinge eine Erscheinung deines eigenen wahren Selbst.

Diese Einheit ist wie Salz im Wasser und Farbe in der Tinte. Nicht einmal das allerkleinste Ding ist verschieden vom wahren Selbst.

Wie wertvoll diese Erfahrung, die fälschlicherweise oft für Satori gehalten wird, auch sein mag, so dürfen wir dabei nicht vergessen, dass es sich hierbei ›noch nicht um das wahre, große Erleuchtungserlebnis‹ wie bei einem wirklichen Satori handelt. Obwohl eine echte Kensho-Erfahrung, als die Schau des eigenen Wesens, einen höheren geistigen Verwirklichungsgrad aufweist, so ist sie doch von der wahren Erleuchtung so weit entfernt wie der Himmel von der Erde. Denn Satori ist weit mehr als ein intuitives Begreifen des wahren Wesens wie bei einer Kensho-Erfahrung, da derjenige, der Satori erfährt, sich vollkommen im Satori auflöst.

Bei dem Erblicken des Geist-Ochsen, bei diesem dritten Ochsenbild, hast du in einem flüchtigen, kurzen Moment der Wesensschau zwar Kensho, das Wesen deiner wahren Natur, erfahren, so dass sich dein geistiges Auge geöffnet hat.

Doch bist du noch nicht in einem vollkommenen Erlöschen des Ich-Wahns den mystischen Großen Tod gestorben und wieder von den Toten auferstanden. Denn erst mit dem Tod des ›Ichs‹ beginnt das wahre Leben. Erst dann beginnst du wirklich zu leben. Hinzu kommt, dass Kensho-Erfahrungen verschiedene Grade aufweisen können und man bedenken muss, dass die meisten Kensho-Erfahrungen sehr seicht sind und sich zu einem gewissen Teil noch auf der Verstandesebene befinden.

Manche, die vorgeben, sie hätten den Ochsen gesehen, haben in Wahrheit nur einen Schwanzzipfel des Ochsen gesehen. Aber die meisten, die voller Stolz von sich behaupten, Kensho erfahren zu haben, haben in Wahrheit nur eine Ziege gesehen und versuchen dann, auf der Ziege heimzureiten. Dies zeigt, dass man auf dieser Stufe noch nicht wirklich gewappnet ist gegen Irrtümer. Auch wenn du mal ›geblinzelt‹ hast, wie es im Zen heißt, und eine mystische Erfahrung, vielleicht ein Kensho erlebt hast – geh weiter! Hierzu sagt der chinesische Zen-Meister Han-shan (17. Jh.):

> Viele von denen, die Zen praktizieren, erlangen oft nur eine oberflächliche Verwirklichung ohne Tiefe. Das Schlimmste aber ist, mit solch einer kleinen, an der Oberfläche bleibenden Realisation ohne Tiefe zufrieden zu sein.

Die alten chinesischen Zen-Meister haben niemals so ein großes Getue um kleine Kensho-Erfahrungen gemacht, wie das heute in japanischen Zen-Klöstern üblich ist. Wenn heutzutage ein Zen-Praktizierender einmal nur so ein kleines Aufblitzen erlebt, dann wird ihm dort gleich die Erleuchtungsurkunde, Inka-Shomei, verliehen. Doch um es klar und deutlich zu sagen: Das Licht des Einen Geistes strahlt erst dann auf, wenn alles, was sich vor dem Licht befindet, und sei es noch so winzig, hinweggefegt wird. Selbst das allerkleinste Hindernis und der noch so kleinste Irrtum müssen weggeräumt werden, denn das Größte ist dem Kleinsten gleich, und das Kleinste ist dem Größten gleich.

> Ein Mönch fragte Meister Chih-chang: »Wer ist der Buddha?«
> Der Meister sagte: »Würdest du mir glauben, wenn ich es dir sagte?«
> Der Mönch: »Weshalb sollte ich es nicht tun?«
> Der Meister: »Du bist er.«
> Der Mönch: »Wie kann ich das erkennen?«
> Der Meister: »Wenn auch nur ein einziges Staubkörnchen in deinem Auge ist, dann werden allerlei trügerische Erscheinungen dich plagen.«

Das, was du suchst, ist dein wahres, göttliches Selbst, außerhalb von Raum und Zeit und jenseits von Geburt und Tod. Es ist deine eigene Wirklichkeit. Du hast sie nie verloren, sie ist immer da. Nur hast du sie überdeckt mit den Projektionen deines unterscheidenden, begrifflichen Denkens. Deshalb gibt dir Zen-Meister Huang-po den guten Rat: »Der Geist ist von strahlender Klarheit erfüllt, darum wirf die Dunkelheit deiner toten Begriffe fort – befrei dich von allem!«

IV.

Das Einfangen des Ochsen

Gedicht und Anmerkung von Kakuan

Fest ergreift er das Leitseil des Ochsen
und hält ihn mit großer Mühe fest.
Sein Wille ist noch zu stark und seine Kraft
noch zu ungestüm,
um seine Wildheit zu bannen.
Er stürmt hinauf auf die hohen Ebenen
hoch über den Wolkennebeln
oder er steht in unwegsamer Schlucht.

Heute hat er den Ochsen eingefangen, der lange in der Wildnis verborgen war. Mit großer Mühe legt er ihm die Zügel an, aber der Ochse folgt ihm nicht.

Denn verliebt in die gewohnte, angenehme Wildnis, zieht es ihn noch stark zu ihr hin. Voller Sehnsucht nach dem süß duftenden Gras wandert er davon. Sein Geist ist noch zu wild und eigensinnig. Wenn er ihn unterwerfen will, muss er zur Peitsche greifen.

Kommentar von Zensho

Fest ergreift er das Leitseil des Ochsen und hält ihn mit großer Mühe fest. Sein Wille ist noch zu stark und seine Kraft noch zu ungestüm, um seine Wildheit zu bannen.

Kakuan fügt als Anmerkung hinzu:

> *Heute hat er den Ochsen eingefangen, der lange in der Wildnis verborgen war. Mit großer Mühe legt er ihm die Zügel an, aber der Ochse folgt ihm nicht.*

In der Praxis des Zen ist es nicht damit getan, dass du bei dem Erlebnis der Wesensschau, dem Kensho, dein wahres Wesen, den Geist-Ochsen, erblickst und dich dann bequem zurücklehnst und glaubst, das sei nun alles. Auch wenn du für einen kurzen Moment deinen Geist einmal erschaut hast, darfst du hierbei nicht stehen bleiben.

Vielmehr geht es jetzt darum, dass du den wiedergefundenen Geist-Ochsen auch einfangen und zähmen musst, wenn du auf ihm nach Hause reiten willst. Dies ist natürlich viel leichter gesagt als getan. Denn in diesem Bewusstseinszustand hat man noch keine richtige Gewalt über den Geist-Ochsen, und ohne intensive

Zen-Praxis läuft der Ochse schnell wieder davon und entzieht sich deiner Wahrnehmung.

Er stürmt hinauf auf die hohen Ebenen
hoch über den Wolkennebeln
oder er steht in unwegsamer Schlucht.

In seiner Anmerkung zu diesem vierten Ochsenbild sagt Kakuan:

Denn verliebt in die gewohnte, angenehme Wildnis, zieht es ihn noch stark zu ihr hin. Voller Sehnsucht nach dem süß duftenden Gras wandert er davon. Sein Geist ist noch zu wild und eigensinnig. Wenn er ihn unterwerfen will, muss er zur Peitsche greifen.

Den Ochsen unterwerfen bedeutet, dass du nun darauf achten musst, dass der Geist nicht wieder in das gewohnte Konzept seiner alten Sicht- und Verhaltensweisen zurückfällt. Du hast den Ochsen zwar eingefangen, aber der Geist-Ochse ist noch nicht im Einklang mit dir.

Wenn er das süß duftende Gras sieht und riecht, dann rennt er auf die grüne Wiese und will nicht mehr zurückkommen. Solange er noch so wild und unbeherrscht ist, bist du mit ihm noch lange nicht im Einklang und kannst auf ihm noch nicht nach Hause reiten.

Obwohl sich dir im Kensho für einen Moment dein wahres Wesen offenbart hat, ist es dir noch nicht möglich, den Ochsen, deinen Geist, so zu beherrschen, wie du willst. Denn du bist noch nicht frei von deinen verstandesmäßigen Unterscheidungen, deinen Leidenschaften und den ichsüchtigen Begierden. Du hängst noch fest in den alten Konzepten deiner subjektiven Vorstellungen und dem emotional gefärbten Denken. Dein Ochse ist noch zu wild und ungestüm und will dich am Zügel in die gewohnte Welt der Gegensätze zurückschleppen.

Doch nur wenn du deinen Geist-Ochsen zähmst und so wirklich frei wirst von den Zwängen des unterscheidenden, begrifflichen Denkens und die Gedanken an nichts mehr anhaften, was es auch sein mag, wirst du zu einem wahren Zen-Verständnis gelangen.

Die Wahrheit des Zen kann sich nur in einem Geist entfalten, der völlig befreit ist von allen Konzepten und dem Zwang des verselbstständigten, unterscheidenden Denkens. Denn jede Unterscheidung zwischen diesem und jenem macht dich zum Sklaven deiner selbstverursachten geistigen Projektionen, und so wirst du dich nur immer weiter von der Wahrheit entfernen.

Doch erst wenn der Geist vom Rankengewirr des unterscheidenden, begrifflichen Denkens gereinigt ist, wird sich das leuchtende Strahlen des unbefleckten Einen Geistes im Erlebnis der Erleuchtung offenbaren.

Im Gegensatz zur großen Erleuchtungserfahrung, dem Satori, bei dem der Ich-Wahn im Großen Tod vollkommen erloschen ist, bleibt bei einem Kensho-Erlebnis das Ego weiterhin bestehen.

Deshalb besteht bei einem Kensho stets die große Gefahr, dass die einmal gewonnene Einsicht im Rankengewirr des gewohnten, unterscheidenden Denkens erstickt wird und immer mehr in Vergessenheit gerät. Das Verhängnisvolle dabei ist, dass dann irgendwann nichts weiter bleibt als die leere Erinnerung an die einmal gemachte Erfahrung.

Von unabwendbarer Notwendigkeit nach einem Kensho – und natürlich auch vorher – ist deshalb, dass man durch die Praxis der Zen-Meditation, des Zazen, sein geistiges Selbst-Gewahrsein festigt, um zu einem ständigen Gewahrsein des Geistes, überall und zu jeder Zeit, zu gelangen.

Im Zen wird diese Praxis ›Den Ochsen einfangen und zähmen‹ genannt. Nachdem du den Geist-Ochsen in dir selbst gefunden hast, musst du dir seiner jetzt überall und zu jeder Zeit bewusst sein und mit ihm vollkommen eins werden.

Dieses Einssein muss im absichtslosen Selbst-Gewahrsein des Geistes zu deinem vollkommenen, natürlichen Geisteszustand werden. Dies ist jedoch nur dann möglich, wenn du dich nicht an der ›falschen

Zen-Praxis< des ruhigen Stillsitzens, bei dem du alle Gedanken verdrängst, festhältst. Die alten chinesischen Zen-Meister bezeichneten dies als >das tote Zen der Geisterhöhle des toten Nichts<.

Viele Zen-Praktizierende lassen sich täuschen und halten diese >Falle des toten Nichts< allen Ernstes für das Erreichen eines höheren Versenkungszustandes. Die Folge davon ist, dass sie oft und lange in dieser Verfassung verweilen, ohne zu erkennen, wie ihr geistiges Gewahrsein immer dumpfer und träger wird, anstatt an Schärfe und Klarheit zu gewinnen. So mahnt auch der chinesische Zen-Meister Po-chan (17. Jh.):

> Viele Zen-Praktizierende bemühen sich ständig, während der Zen-Meditation ihre Gedanken anzuhalten und ihren Geist gewaltsam zu unterdrücken. Sobald ablenkende Gedanken auftauchen, werden sie sofort verscheucht. Selbst die schwächsten gedanklichen Regungen werden sofort unterdrückt.
> Diese falsche Art der Übung und des Verstehens stellt die größte Falle dar, in die Zen-Praktizierende geraten können: >Die Falle des toten Nichts<. Solche Menschen sind lebende Tote. Sie werden abgestumpft, teilnahmslos, gefühllos und träge.

Möchtest du wirklich Befreiung erlangen, dann musst du unbedingt über diese falsche Praxis der Beruhigung des Geistes hinausgelangen. Bestenfalls erlangst du durch sie eine vorübergehende Ausschaltung des Denkens oder einen Zustand des Yogaschlafs. Hier gibt es kein wirkliches Schauen, kein Erkennen und kein lebendiges Erleben deines ursprünglichen, wahren Wesens.

Mache also während der Meditation nicht den Fehler, die Gedanken unterdrücken zu wollen. Denn wenn du versuchst, die Gedanken zu unterdrücken, dann reagiert der Geist nur mit vermehrter gedanklicher Aktivität.

Bleibe also ganz entspannt und schau direkt jeden sich erhebenden Gedanken ohne Bezugnahme an. Beunruhige dich nicht, wenn ablenkende Gedanken aufsteigen, doch bleibe hellklar bewusst, so dass du sie nicht zu spät erkennst. Auf diese Weise wirst du in der Lage sein, blitzartig mit dem ›Schwert des vollkommenen Gewahrseins des Geistes‹ jeden sich erhebenden Gedankenstrom durchzuschneiden.

Ein wesentliches Wort im Zen ist ›Absichtslosigkeit‹. Sei also während deiner Meditation vollkommen absichtslos, denn sowie du die Absicht hast, nicht zu denken, entsteht immer psychisch-physische Spannung, denn Spannung ist gehemmtes Wollen. Es ist grundsätzlich wichtig, den Geist nicht zu manipulieren, sondern ihn so zu lassen, wie er ist. Belasse den Geist in seiner ureigenen, wahren Natur. Jedes korrigierende Eingreifen ist falsch und führt nur zu geistiger Erschöpfung. Deshalb heißt es im Zen: »Sei wie ein leeres Weihrauchfass in einem alten, verlassenen Dorftempel.«

Verweile während der Zen-Meditation, dem Zazen, im absichtslosen, hellklaren Gewahrsein des Geistes und lass deinen Atem ruhig fließen. Hierdurch gelangst du in deine Mitte, so dass du gesammelt in dir selbst verweilst. Die Zen-Atmung ist ein tiefes, ruhiges Atmen, bei dem der Schwerpunkt im Unterbauch liegt. In diesem Bereich, der im Zen ›Hara‹ genannt wird, erfahren wir beim Zazen ein Gefühl der Stabilität und Energieansammlung, was sehr hilfreich für das Aufrechterhalten des geistigen Gewahrseins ist.

Die richtige Atmung ist in der Zen-Meditation von größter Wichtigkeit, denn durch tiefes, ruhiges Ein- und Ausatmen wird der Geist klar wie der wolkenlose Himmel. Atme während des Zazen so natürlich wie möglich, doch achte darauf, dass deine Ausatmung bewusst und wesentlich länger ist als die Einatmung.

Im Allgemeinen ist man sich seines Atems nicht bewusst, so dass Ein- und Ausatmen ganz automatisch geschehen. Doch in der Praxis der Zen-Meditation wird von dir unweigerlich verlangt, bewusst zu atmen. Atme also bewusst ein und aus und beobachte dabei das ruhige, sanfte Fließen des Atems. Dieses bewusste, achtsame Atmen ist die Peitsche der Achtsamkeit, die den Geist-Ochsen in der absoluten Gegenwart des Jetzt festhält, so dass sich der Geist festigt und dein Denken sich nicht mehr verselbstständigt.

Diese Praxis des bewussten Atmens führt dich bei fortlaufender Übung zu einem ›Samadhi des Atems‹, bei dem der Atem sich transzendiert, so dass er nicht mehr bewusst wahrgenommen wird. Solange du dir aber noch deines Atems bewusst bist, ist es noch kein wirklich tiefes Samadhi, denn in diesem Bewusstseinszustand wäre es dir nicht möglich, den Atem wahrzunehmen. Letztlich geht es also um die Verwirklichung einer hellklaren Bewusstheit, bei der du so eins bist mit dem Atem, dass du dir deines Atems nicht mehr bewusst bist.

Wenn Gedanken auftauchen, dann sei dir ihrer leeren Natur gewahr. Lass die Gedanken und inneren Bilder vorüberziehen wie Wolken am Himmel, ohne Bezug zu nehmen oder einzugreifen. Sei vollkommen desinteressiert in Bezug auf das, was im Geist geschieht, aber ›bleibe dabei hellklar bewusst‹ und richte dein Bewusstsein auf dein Sein hinter dem Denken.

Wenn du in dieser Weise den Gedanken keinen Nährstoff mehr zuführst, indem du ihnen keine Beachtung mehr schenkst, lösen sie sich auf wie Schneeflocken in warmem Wasser. Hierdurch gelangst du bei fortlaufender Praxis der Zen-Meditation zu einer Klarheit des Geistes, so dass du durch eigenes Erleben immer mehr verstehst, dass alle Erscheinungen im eigenen Geist entstehen.

Durch dieses Verstehen der Unwirklichkeit aller Erscheinungen erkennst du sie als leer, so dass es dir nicht mehr möglich ist, die gewöhnliche Vorstellung von einer äußeren Erscheinungswelt beizubehalten. Die Folgeerscheinung ist, dass deine Identifikation mit der damit verbundenen Anhaftung an die Dinge nachlässt. Im Erkennen der trügerischen Natur aller Erscheinungen wirst du somit frei von deinen Konzepten und siehst die Dinge klar, so wie sie sind.

Denke während der Meditation nicht an vorher und nachher. Lösche deine Erinnerungen an die Vergangenheit vollkommen aus, vergiss die Zukunft, vergiss deinen Körper und deinen Geist. In diesem Augenblick der unmittelbaren Gegenwart gibt es weder Raum noch Zeit – es existiert nur das absolute, ewige Jetzt.

Halte diesen reinen Zustand des durchgängigen, hellwachen Gewahrseins aufrecht, bei dem du in der unmittelbaren Gegenwart des Jetzt verweilst. Lass den gegenwärtigen Augenblick dein einziges wirkliches Leben sein. Hierdurch gelangst du zu einem ständigen, ununterbrochenen, absichtslosen Selbst-Gewahrsein des Geistes. Es ist die Erfahrung der direkten, nackten

Wahrnehmung der hellklaren Natur des Geistes in jedem Moment deines täglichen Lebens. Wenn du dir so deines eigenen, ursprünglichen Geistes ständig bewusst bist, dann wirst du dich bei allen deinen Handlungen vollkommen spontan und natürlich verhalten. Auf diese Weise wird sich, im fortlaufenden Prozess deiner geistigen Verwirklichung, deine wahre, ursprüngliche Buddha-Natur entfalten.

Von grundlegender Notwendigkeit für deine spirituelle Praxis auf dem Weg des Zen ist deshalb, dass du die sitzende Meditation des Zazen nicht nur ab und zu mal ausübst, sondern regelmäßig zu ihr zurückkehrst. Hierdurch entwickelt sich erst die Kraft deiner geistigen Konzentration, ›Joriki‹, mit der Fähigkeit, dein geistiges Gewahrsein ständig zu bewahren. Dieses ununterbrochene Selbst-Gewahrsein des Geistes wurde von den alten chinesischen Zen-Meistern als ›das Hüten der Kuh‹ bezeichnet.

> Als der spätere Zen-Meister Shih-kung (8. Jh.) noch Schüler bei seinem Meister Ma-tsu war, arbeitete er eines Tages in der Küche, als der Meister eintrat und ihn fragte, was er dort tue.
> »Ich hüte die Kuh«, sagte der Schüler.
> »Wie bewachst du sie?«, fragte der Meister.
> »Wenn sie vom Pfad einen Augenblick abweicht,

so führe ich sie bei der Nase stracks zurück und lasse ihr keine Zeit zu zögern!«
Darauf der Meister: »Du weißt wahrlich, wie du die Kuh zu hüten hast.«

Durch diese ganzheitliche ›Zen-Praxis des Kuhhütens‹ erlangst du die Fähigkeit, dich auf alle Situationen spontan einstellen zu können und entsprechend zu handeln, ohne dabei die Ruhe deines geistigen Gewahrseins zu verlieren. Denn Ruhe und Bewegung schließen sich nicht gegenseitig aus. Ganz im Gegenteil, sie ergänzen sich und müssen, mitten im Alltag unserer modernen Welt, als untrennbare Einheit erfahren werden. Nur so kann der geistige Rhythmus erscheinen, der Himmel und Erde durchdringt.

Man muss den Weg zur Befreiung mitten in der Welt gehen. Denn wie kannst du schwimmen lernen, außer im Wasser? Wie kannst du die Welt überwinden, außer in der Welt? Der Weg des Zen hat nur dann eine Bedeutung, wenn du deinen Fuß draufsetzt und ihn wirklich gehst.

Das ist das aktive, lebendige Zen, das ist der wahre Zen-Weg. Unser ursprüngliches, wahres Sein, den Urzustand des Geistes mitten im Feuer der Welt zu erleben – das ist der Weg des ›Feuerlotos‹. Im Zen benutzt man hier gerne das kraftvolle Bild des Feuerlotos im Gegensatz zum Wasserlotos, der nur in einem unberührten, stillen Teich wächst. So sagt zum Beispiel der chinesische Zen-Meister Yung-chia (8. Jh.):

> Darin bewährt sich die Kraft der wahren Weisheit, dass man gerade mitten im Feuer der Welt den Weg des Zen ausübt. Diese Lotosblume, die aus dem Feuer erblüht, ist ewig unverwelklich.

Sei dir deshalb stets bewusst: Aktives Handeln in der Welt und stilles Gewahrsein des Geistes behindern sich nicht und sind keine unvereinbaren Gegensätze. Nur wenn du unterscheidest zwischen weltlichem und spirituellem Leben, dann machst du zwei daraus. Mit den Worten von Zen-Meister Lin-chi: »Wenn du das Heilige liebst und das Gewöhnliche verachtest, dümpelst du immer noch auf dem Meer der geistigen Verblendung.«

Wesentlich auf dem lebendigen, aktiven Zen-Weg des Feuerlotus ist, dass du zu solch einer Bewusstseinsverfassung der Unerschütterlichkeit des Geistes und der Gleichmut gelangst, dass du die in der Zen-Meditation gewonnene geistige Stabilität auch bei besonders ablenkenden äußeren Umständen aufrechtzuerhalten vermagst.

Hierbei gelangst du zu einer Weiterführung der Zen-Übung bei allen gewöhnlichen Verrichtungen des täglichen Lebens, bei denen es dann nicht mehr darauf ankommt, was du tust, sondern auf dein Bewusstsein, das heißt: auf deine ›Bewusstheit‹ während der Tätigkeit. Und so weilst du in jeder Situation des Lebens in einer gelösten, entspannten Haltung der Unerschütterlichkeit des Geistes.

Die Verwirklichung von Gleichmut ist eines der wesentlichen Elemente der spirituellen Praxis des Buddhismus. Gleichmut bedeutet im Zen: ›Eine vollkommene Beherrschung des Geist-Ochsen‹.

Das heißt, dass du dich mitten im Trubel des alltäglichen Lebens auf alle Veränderungen einstellen kannst, der Situation gemäß handelst und dabei innerlich vollkommen gelassen bleibst. So wirst du in allen Situationen des täglichen Lebens, auch wenn sie noch so plötzlich und unvorhergesehen eintreten, zu klaren Entscheidungen und den daraus resultierenden richtigen Handlungsweisen fähig sein.

Gleichmut hat im Mahayana-Buddhismus aber noch eine andere, noch tiefergehende Bedeutung. Denn die Verwirklichung von höherer Gleichmut setzt ein tiefes, vorurteilsfreies Verständnis für die in ihrem Nichtwissen gebundenen Wesen voraus. Gleichmut im Gegensatz zur Gleichgültigkeit heißt, dass du aus deinem Erleben der Wesensgleichheit mit allen Wesen im allumfassenden Mitgefühl mitten in der Welt des Samsara lebst und stets bereit bist, anderen zur Befreiung zu verhelfen.

Allumfassendes Mitgefühl, ›Karuna‹, ist überhaupt eine wesentliche Grundvoraussetzung auf dem Weg zur Erleuchtung. Deshalb ist der zentrale Gedanke des Mahayana-Buddhismus ›Bodhichitta‹, der ›Erleuchtungsgeist‹.

Bodhichitta ist ›aktive Weisheit‹ und heißt Streben nach Erleuchtung zum Wohle aller Lebewesen mit dem Wunsch, alle Wesen von ihrem Gebundensein an den Kreislauf von Geburt und Tod zu befreien. Doch solange du die Erleuchtung nur für dich alleine anstrebst und denkst: »Ich will Erleuchtung erlangen und diese Welt hinter mir lassen, ich will mit den in geistiger Unbewusstheit dahinlebenden Menschen nichts mehr zu tun haben«, wirst du niemals Erleuchtung erlangen.

Du kannst dich auf diese Weise Millionen von Inkarnationen lang auf dem geistigen Weg bemühen, doch die Erleuchtung wirst du so niemals erfahren.

Denn der Durchbruch zu diesem großen, befreienden Erwachen setzt die tiefgreifende Einsicht in die allumfassende Ganzheit des Seins und des Nicht-Getrenntseins von allen Wesen voraus. Dies erfordert eine geistige Grundhaltung, die sich ohne jede Begrenzung dem Leben in seiner Universalität öffnet. Solch ein ganzheitliches Offensein beinhaltet ein inneres Mitgefühl für das Leid und die Nöte aller leidenden Wesen.

Aus diesem Erleben von Wesensgleichheit resultiert dann der Wunsch, Erleuchtung zu erlangen, um allen

Wesen zur Befreiung zu verhelfen. Denn erst wenn man selbst befreit ist, wird man auch anderen zur Befreiung verhelfen können, so dass sich ihnen das Auge der Weisheit öffnet und sie erkennen, dass sie von allem Anfang an Buddhas gewesen sind.

In der Sprache des Zen heißt dies mit den kraftvollen Worten des chinesischen Zen-Meisters Mumon (13. Jh.):

> Ein Donnerschlag bei klarem blauem Himmel! Alle Wesen auf Erden haben ihre Augen geöffnet und alles unter der Sonne hat sich zugleich verneigt.

In dem Augenblick, in dem du erwachst, erkennst du, dass alle Wesen von jeher Buddhas sind, ohne dass sie es wissen. Wenn du erwachst aus deinem Samsara-Traum einer dreidimensionalen Welt von Raum und Zeit, dann erkennst du: ›Alles ist der Eine Geist, neben dem nichts anderes existiert‹.

V.

Das Zähmen des Ochsen

Gedicht und Anmerkung von Kakuan

Peitsche und Leitseil sind notwendig,
er darf sie keinen Augenblick aus der Hand
lassen, sonst liefe der Ochse auf staubiger
Straße davon.
Doch gut gezähmt wird er geduldig
und sanft.
Ohne Seil und Zügel folgt er willig
dem Hirten.

Erhebt sich ein Gedanke, so folgen weitere nach. Im Erwachen des Geistes wird alles wahr. In geistiger Verwirrung ist alles unwahr.
Die Dinge erhalten ihr Dasein nicht durch die äußere Welt, denn sie erheben sich einzig und allein im eigenen Geist. Fest muss der Hirte das Leitseil halten und darf kein zögerndes Zweifeln aufkommen lassen.

Kommentar von Zensho

Peitsche und Leitseil sind notwendig, er darf sie keinen Augenblick aus der Hand lassen, sonst liefe der Ochse auf staubiger Straße davon.

Du hast im Moment der Wesensschau deinen Ochsen wiedergefunden und eingefangen. Doch jetzt ist es unbedingt erforderlich, dass du deinen ungebändigten Ochsen zähmen musst. Die Zähmung besteht in einer vollständigen Wandlung der unbeherrschten, wilden und störrischen Natur des Ochsen zur Sanftmut und Fügsamkeit. Aber ohne einen starken Willen, verbunden mit erhöhter Achtsamkeit, wird es dir nicht gelingen, deinen Geist-Ochsen zu beherrschen.

Das ›Leitseil des Hirten‹ steht hier für den starken Willen deiner inneren geistigen Stärke, mit dem du deinen Geist-Ochsen davon abhältst, in die gewohnten Gefilde seiner alten Konzepte zu flüchten. Denn deine gewohnten, verblendeten Sichtweisen und Verhaltensmuster haben sich in deinem Geist so verfestigt, dass sie nicht so leicht aufzulösen sind.

Doch ohne die ›Peitsche der Achtsamkeit‹ wird es dir nicht möglich sein, deinen Geist-Ochsen zu zähmen. Deshalb gibt uns Zen-Meister Yüan-wu (12. Jh.) den guten Rat: »Lass von dem Augenblick an, da du dich morgens erhebst, die rechte Aufmerksamkeit walten und deinen Geist still sein; und was du auch sagst oder tust, betrachte es sorgsam und sieh zu, woher es kommt und was es ist, das all dies geschehen lässt.«

> *Erhebt sich ein Gedanke, so folgen weitere nach. Im Erwachen des Geistes wird alles wahr. In geistiger Verwirrung ist alles unwahr.*

Ein Gedanke und ein weiterer Gedanke, und schon erheben sich alle Gefühle und somit eine Vielzahl von Problemen. Doch wenn die Gefühle sich erheben, geht die geistige Klarschau verloren und du gerätst in heillose Verwirrung. Mit anderen Worten: Wenn dein Geist sich bewegt, dann erheben sich alle Dinge, und wenn dein Geist in sich ruht, dann schwinden alle Dinge. Was ist aber dieses Sich-Bewegen des Geistes?

Das Sich-Bewegen des Geistes ist die durch deine dualistische Sichtweise von Annehmen und Verwerfen ausgelöste Beunruhigung auf der Oberfläche des Geist-Meeres. Auf diese Weise erheben sich die Wellen des unterscheidenden Denkens als die Auswirkungen.

Diese Auswirkungen sind aber zugleich wieder Verursachungen. Denn wenn die Gedanken sich erheben, erheben sich auch die Gefühle, und wo Gefühle sich erheben, erheben sich wieder weitere Gedanken, und dein geistiges Gewahrsein geht verloren. Dieser Prozess der Verselbstständigung von Gedanken und Gefühlen setzt sich immer weiter fort, so dass du dich schließlich ganz im Fluss eines unablässigen Gedankenstroms verlierst.

Deshalb ist es äußerst wichtig, durch die Kraft des Gewahrseins eine wache Bewusstheit zu entwickeln, die dich vor Ablenkung und geistiger Trägheit bewahrt. Werde also zum Beobachter deiner Gedanken mit ihren ständig sich wiederholenden, konditionierten Denkmustern, und das Denken verliert seine Zwanghaftigkeit. Hierdurch befreist du dich von deiner unbewussten, dualistischen Sichtweise mit dem verselbstständigten Drang zur Unterscheidung und des Urteilens.

Wenn du aber bemerkst, dass du bei etwas verweilst, dass etwas dich stört und hemmt, so sind immer falsche Vorstellungen im Spiel. Würdest du jedoch, durch die Zen-Praxis der Zähmung des Geist-Ochsen, eine vom Denken befreite Bewusstheit verwirklichen, so dass dein Geist leer und klar ist wie der leere Raum, dann würde sofort die Kette von Ursache und Wirkung abbrechen.

Befreie dich deshalb von deinem verselbstständigten Zwang des unterscheidenden, Probleme verursachenden begrifflichen Denkens, und dein wahres Wesen wird sich in seiner ursprünglichen Reinheit offenbaren. Dieses dein geburt- und todloses, wahres Wesen in seiner ursprünglichen Reinheit ist der hell strahlende

›Dharmakaya‹, die Wirklichkeit des Einen Geistes, neben dem nichts anderes existiert. Dies bedeutet, dass alles, was du in der Welt wahrnimmst, auch die scheinbare Festigkeit der Substanz, nichts anderes ist als eine illusorische Vorstellung deines Geistes. Deshalb heißt es in den Anmerkungen zum fünften Gedicht:

> *Die Dinge erhalten ihr Dasein nicht durch die äußere Welt, denn sie erheben sich einzig und allein im eigenen Geist.*

Alles, was du wahrnimmst und erlebst, ist nicht real, sondern ein Produkt deines projizierenden Geistes. Somit ist die äußere Erscheinungswelt, ja der ganze Kreislauf von Geburt und Tod, in Wahrheit nichts anderes als das Gaukelspiel deines eigenen Geistes und keine äußere Erfahrung.

Doch da die wahre Natur aller Dinge nur Geist und somit leer ist, löst sich dein Gefesseltsein an die Welt der Erscheinungen von selbst auf, sobald du die Illusionshaftigkeit der Erscheinungen durchschaust und du die Natur deines Geistes verstehst.

Das heißt, du wirst frei, indem du erkennst, dass die allumfassende, reine Natur deines Geistes und die Natur aller Dinge vollkommen eins ist, denn alles ist der Eine Geist, neben dem nichts anderes existiert. Willst du zur

Erfahrung des Einen Geistes gelangen, dann ist es unbedingt erforderlich, dass dein Geist klar und leer wird. Denn nur ein klarer Geist erkennt sich selbst.

Wenn du also auf deinem Geist-Ochsen heimreiten willst, dann musst du ihn erst zähmen und mit ihm in harmonischem Einklang sein. Das heißt: ›Du musst vollkommen eins mit ihm sein‹. Dies setzt voraus, dass du in der Aufrechterhaltung des Gewahrseins des Geistes darauf achtest, dass sich der Geist-Ochse nicht vom rechten Weg abwendet.

Fest muss der Hirte das Leitseil halten und darf kein zögerndes Zweifeln aufkommen lassen.

Doch gut gezähmt wird er geduldig und sanft.
Ohne Seil und Zügel folgt er willig dem Hirten.

Nach langem, zähem Ringen mit dem Geist-Ochsen wird er allmählich zahm und kommt unter Kontrolle. Das heißt: Durch die Aufrechterhaltung ständiger Bewusstheit achtest du darauf, dass der Geist sich nicht wieder verselbstständigt und ein Opfer seiner alten Konzepte von Begehren, Ablehnung und geistiger Verblendung wird. Dies setzt jedoch voraus, dass du dich durch die Zen-Praxis ununterbrochen bemühst, deinen Geist rein zu halten, indem du ihn von allen Befleckungen befreist.

Die alten chinesischen Zen-Meister nannten dies ›die Kuh baden‹. Die Kuh, die hier für den Geist-Ochsen steht, taucht im Zen immer wieder in den Mondos und Koans der alten Meister auf. Sie steht im engen Zusammenhang mit den Ochsenbildern und hat im Zen eine sehr tiefe Bedeutung. Die Kuh baden heißt im Zen: ›eine Geistesverfassung der fortwährenden, ununterbrochenen Achtsamkeit mit einem ständigen Gewahrsein des eigenen Geistes‹. Dies kommt im folgenden Beispiel auf anschauliche Weise zum Ausdruck:

> Der chinesische Zen-Meister Nansen (9. Jh.) ging am Bad vorbei und fragte den Mönch, der für das Erhitzen des Wassers zuständig war: »Was machst du da?« Der Mönch erwiderte: »Das Wasser erhitzen.« Nansen sagte: »Wenn du damit fertig bist, dann vergiss nicht, die Kuh zu rufen und zu baden.« Der Mönch antwortete: »In Ordnung.«
> Am gleichen Abend betrat dieser Mönch Nansens Zimmer. Nansen fragte: »Was machst du hier?« Der Mönch erwiderte: »Ich bin hier, um der Kuh zu sagen, dass ihr Bad fertig ist.« Nansen fragte: »Hast du das Zaumzeug dabei?«
> Der Mönch war sprachlos.
> Als Zen-Meister Joshu Nansen besuchte, erzählte

> ihm dieser davon. Joshu sprach: »Ich habe etwas dazu zu sagen.« Nansen fragte: »Hast du das Zaumzeug dabei?« In diesem Moment ergriff Joshu Nansens Nase und zog daran. Nansen sagte: »Schon gut, schon gut – warum nur so brutal?«

Der alte Joshu hatte wirklich das Zaumzeug dabei. Und als er die Nase von Meister Nansen ergriff, brachte er damit unmissverständlich zum Ausdruck, dass er seinen Geist-Ochsen fest im Griff hatte.

Zen ist stets erfrischend direkt und hält sich nicht mit schönen Worten und freundlichem Getue zur Erbauung des Egos auf. Zen hat nur ein einziges Anliegen: Es will alle deine Verhaftungen an Worte, Vorstellungen und Erwartungen gründlich zerstören, damit du aus deinem Traum des Gebundenseins an den Kreislauf von Geburt und Tod erwachst.

Nur weil du die Wirklichkeit, eben da, wo du dich gerade befindest, verfehlst und dich nicht darauf einlässt, obwohl sie sich direkt vor dir befindet, bist du nicht in der Lage, sie zu erfahren. Deshalb entstanden all die verschiedenen religiösen Denksysteme mit ihren klugen Darlegungen. Diese sind aber nichts weiter als nur schöne tröstende Mittel, mit denen man kleine Kinder vom Quengeln abhält.

Alles ist da – nichts fehlt, es gibt nichts zu suchen und nichts zu erlangen. Es geht nur um eine Umstellung des Bewusstseins. Nur so übersteigst du dieses gewohnte, alltägliche ›Affenbewusstsein‹, das von einer Willensregung zur anderen springt wie ein Affe von Ast zu Ast, weil es unruhig ist, wenn es nichts zum Festhalten hat.

Im Buddhismus symbolisiert der Affe das unruhige Bewusstsein. Deshalb sieht man in der buddhistischen Ikonographie des Pratitya-Samutpada, dem großen Rad des abhängigen Entstehens von Geburt, Altern, Verzweiflung, Krankheit, Schmerz und Tod, wie ein Affe an einen Baum gefesselt ist, so dass er sich nicht mehr bewegen kann. Dies bedeutet: sobald das Bewusstsein zur Ruhe kommt, wird der Geist still. Wenn die Tendenz des Ergreifens und Verdrängens nicht mehr als der bewegende Wind über die Oberfläche des Bewusstseins-Sees hinwegweht und die abertausend Wellen verursacht, wird die Oberfläche ruhig und still.

Dann kannst du in der vollendeten Klarschau des unbewegten Geistes hinunterschauen auf den Grund des Geist-Sees und du erkennst dein wahres Angesicht vor deiner Geburt. Diesen geheimnisvollen heiligen Schatz, den es zu heben gilt, kannst du aber nur erkennen, wenn du nicht mehr herumwühlst im See des Bewusstseins, so dass sich keine Wellen mehr erheben, die den grundlegenden, wahren Selbst-Geist überdecken.

Lass also alles los, vergiss deinen Körper und deinen Geist – vergiss dich selbst! Dies kannst du jedoch nicht willentlich machen, sondern nur, indem du in den gegenwärtigen Augenblick des ›Jetzt‹ hineinentspannst.

In diesem absoluten Gegenwärtigsein des Jetzt wirst du durchlässig für das reine Licht des absoluten Bewusstseins. In dem Augenblick, wenn das Loslassen so geschieht, strahlt die Wirklichkeit deines ursprünglichen, wahren Seins vor deiner Geburt in seiner ganzen Herrlichkeit auf, und du erkennst, dass dieses strahlende Licht des Einen Geistes nicht von dir getrennt, sondern dein wahres, ewiges Selbst ist.

Um zu dieser wunderbaren Erfahrung deiner wahren, ursprünglichen Natur zu gelangen, ist es jedoch notwendig, dass du dein ganzes Leben zu einem Leben in der unmittelbaren Gegenwart des absoluten ›Jetzt‹ machst.

Letztlich geht es darum, dass du dich von allen deinen Konditionierungen und somit von allen Denkmodellen und den daraus resultierenden Verhaltensmustern befreist. Da aber Konditionierungen immer Folgeerscheinungen des begrifflichen Denkens sind, gibt dir Zen-Meister Huang-po den guten Rat:

»Lasst einzig ab von dem Irrtum der gedanklichen oder begrifflichen Denkvorgänge, und euer wahres Wesen wird sich in seiner ursprünglichen Reinheit offenbaren. Dies allein ist der Weg zur Erleuchtung.«

VI.

Die Heimkehr auf dem Rücken des Ochsen

Gedicht und Anmerkung von Kakuan

In heiterer Gelassenheit reitet er
gemächlich auf dem Rücken des Ochsen
nach Hause zurück.
Im fern hinziehenden Abendnebel erklingt
weithin der Klang seiner Flöte.
Der Vers im Takt seines Liedes
ist von unendlich tiefem Sinn.
Braucht der denn noch Worte,
der diesen tiefen Sinn versteht?

Der Kampf ist endlich vorüber. Gewinn und Verlust haben sich aufgelöst in Leere. Der Hirte singt eine ländliche Weise und spielt auf der Flöte die einfachen Lieder der Dorfkinder. Er sitzt auf dem Rücken des Ochsen und schaut heiter empor zu den Wolken am Himmel.
Ruft man ihm nach, so wendet er sich nicht um. Will man ihn halten, so bleibt er nicht stehen.

Kommentar von Zensho

In heiterer Gelassenheit reitet er gemächlich auf dem Rücken des Ochsen nach Hause zurück.

In dieser Geistesverfassung, die im Zen ›das heiter-gelassene Widerspiegeln des Geistes‹ genannt wird, bist du zu einem mühelosen, stillen Gewahrsein des Geist-Ochsen gelangt. Gemeint ist ein Zustand eines durchgehenden inneren Friedens mit einem klaren, anstrengungslosen Gewahrsein des Geistes.

Hierzu sagt der taoistische Weise Lao-tse: »Dies ist die Heimkehr zum Ursprung und bedeutet Stille. Stille bedeutet Rückkehr zur Bestimmung. Rückkehr zur Bestimmung bedeutet Ewigkeit.« Mit den poetischen Worten des chinesischen Zen-Meisters Hung-chih (12. Jh.):

> Schweigend und in heiterer Gelassenheit sind alle Worte vergessen – leuchtend klar und voll Leben erscheint es vor dir. Wenn man es gewahr wird, ist es unermesslich und ohne Anfang oder Ende. In seinem wesenhaften Licht wird man alles erst wirklich gewahr.
>
> Ein einzigartiger Spiegel ist dieses strahlende Bewusstsein, voll von Wundern ist dieses reine, lautere Widerspiegeln. Der Tau und der Mond,

> die Sterne und die Flüsse, der Schnee und die Föhren und die Wolken, die über den Berggipfeln schweben.
>
> Aus Finsternis wandeln sie sich alle in strahlende Helle; aus Dunkelheit werden sie alle zu gleißendem Licht. Unendliche Wunder warten und weben in dieser heiteren Gelassenheit.

Wenn du dahin gelangt bist, im anstrengungslosen, hellklaren Gewahrsein des Geistes dein wahres Sein wahrzunehmen, dann wird es dir schwerfallen, in deine alten Sichtweisen und Verhaltensmuster zurückzufallen.

In dieser Geistesverfassung bist du dir des Geist-Ochsen als deinem eigenen wahren Selbst bewusst. In der Verwirklichung dieses hellklaren Selbst-Gewahrseins existiert nur die Gegenwart. Du bist vollkommen eins geworden mit diesem Augenblick. Der Beobachter und das Beobachtete fließen in eins zusammen. Der Beobachter wird zum Beobachteten.

Doch ist dies noch nicht die höchste Verwirklichung, weil in dieser Erfahrung der Geist-Ochse, in deinem bewussten Gewahrsein, ›immer noch da ist‹. Dies ist jedoch ein fast unmerkliches, doch äußerst großes Hindernis auf dem Weg zur Erleuchtung.

Denn auf deinem Weg zur vollkommenen Befreiung des Geistes musst du alles, was es auch sei, hinter dir lassen, und letztlich auch Buddha. So sagt auch der chinesische Zen-Meister Pai-chang (9. Jh.): »Solange du noch einen Buddha hast, bist du immer noch gebunden an Geburt und Tod.« Deshalb sagt Meister Eckhart: »Darum bitte ich Gott, dass ich seiner ledig werde.«

Er sitzt auf dem Rücken des Ochsen und schaut heiter empor zu den Wolken am Himmel. Ruft man ihm nach, so wendet er sich nicht um. Will man ihn halten, so bleibt er nicht stehen.

Dies ist die Rückkehr zu dem harmonischen Einklang mit der allumfassenden Ganzheit des Seins. Subjekt und Objekt, der Sehende und das Gesehene, Mensch und Geist-Ochse, alles befindet sich auf dem Weg zurück in das große Eine.

Der Ochse und der Hirte sind am Anfang der Bilderfolge noch zwei und wachsen nach und nach immer mehr in die Einheit zusammen. Hier gibt es keine Umkehr und du schreitest unbeirrt deiner Bestimmung der großen Befreiung von Geburt und Tod entgegen. Deshalb heißt es in der Anmerkung zum Gedicht:

Der Kampf ist endlich vorüber. Gewinn und Verlust haben sich aufgelöst in Leere.

Der Kampf mit deinem Geist-Ochsen ist vorüber, doch ist dies ›noch nicht die große Befreiung‹, denn du hast noch kein Satori – noch keine Erleuchtung – erfahren.

Die Frucht deiner spirituellen Praxis ist am Baum der geistigen Verwirklichung erschienen, doch sie ist zu klein und noch nicht ausgereift. Doch du hast einen Großteil deiner alten Konzepte hinter dir gelassen und die Bewusstseinsverfassung der Rückkehr zum Ursprung allen Seins erlangt. Heiter-gelassen reitest du auf deinem Geist-Ochsen gemächlich nach Hause zurück, doch – du bist noch nicht angekommen.

Im Erblicken des Geist-Ochsen, bei unserem dritten Ochsenbild, wurde dir ein kurzer erster Blick auf deine wahre Natur gewährt. Bei dem vierten und fünften Ochsenbild erlangtest du, bei deinem geistigen Reifeprozess, nach und nach einen tieferen Einblick in deine wahre Natur. Doch wenn die zehn Ochsenbilder auch verschiedene Stadien der spirituellen Entwicklung aufzeigen, so dürfen wir nicht annehmen, es handele sich dabei um verschiedene Stufen der Erleuchtung.

»Es gibt keine stufenweise Erleuchtung! Sie hat keine verschiedenen Stufen und geschieht ganz plötzlich.« Dies ist ein wesentlicher Kernsatz des wahren, ursprünglichen Zen der alten chinesischen Meister wie zum Beispiel der großen Giganten des Zen: Huang-po, Lin-chi, Ma-tsu, Hui-neng und vieler anderer.

Die große Erleuchtungserfahrung ist wie das plötzliche Aufblühen der Lotusblume und gleicht dem plötzlichen Erwachen eines Träumers. Die Erleuchtung geschieht immer blitzartig und vollkommen unerwartet, denn sie ist eine absolute Augenblickserfahrung. Wenn sie sich nicht plötzlich und in einem Nu ereignet, dann ist es auch keine echte Erleuchtungserfahrung.

Das Erlebnis der Erleuchtung wird nicht, wie die Vertreter eines einseitigen Sitzdogmatismus glauben, durch Ausdehnung und Festhalten des Selbst-Gewahrseins im stundenlangen Sitzen in Versenkung mit gekreuzten Beinen erreicht. Vielmehr wird sie erst in der vollkommenen Vernichtung des Anhaftens an dieses Gewahrsein erlangt. Erst wenn du darüber hinaus gelangst, wird sich dir die vollkommene, nicht-substantielle, erleuchtende Leere als die strahlende Herrlichkeit des Einen Geistes offenbaren.

Doch um zu dieser wunderbaren Erfahrung der großen Erleuchtung zu gelangen, musst du unweigerlich noch durch die Erfahrung hindurchgehen, die im Zen ›der Große Tod‹ genannt wird. Mit den Worten des chinesischen Zen-Meisters Ta-hui (12. Jh.):

> Erst wenn du deinen Geist jählings in die unergründliche Tiefe entsinken lässt, die Verstand und Denken niemals zu erreichen vermögen,

> und den Großen Tod stirbst, wirst du den absoluten, strahlenden Einen Geist erschauen. Nur so erlangst du Befreiung vom Kreislauf von Geburt und Tod.

Wahre spirituelle Praxis ist eine Sache auf Leben und Tod, bei der es letztlich um ein Sterben des Egos geht. Allein in der radikalen Hinwendung nach innen, in einem Hineinsterben in deinen tiefsten Wesensgrund, wirst du deine wahre Wesensnatur erkennen. Denn erst wenn du durch die Taufe des mystischen Todes erneuert wirst, kannst du die Fülle des Seins erfahren.

Doch ohne Beharrlichkeit auf dem Weg zur Befreiung und ohne die spirituelle Führung von Seiten eines erleuchteten Meisters kannst du nicht zur Erleuchtung gelangen. Denn Zen ist eine direkte Übertragung des Lichts, von Geist zu Geist. Dies geschieht in der Tradition des Zen in einer direkten, geheimen Übertragung von Herz-Geist zu Herz-Geist, ›Ishin-Denshin‹, vom Meister auf den Schüler. So sagt der chinesische Zen-Meister Huang-po:

> Es gibt kein Verständnis durch Worte, sondern nur eine Übertragung von Geist zu Geist. Denn es gibt nur ein geheimnisvoll schweigendes Verstehen und nichts anderes.

Deshalb geschieht es so gut wie nie, dass ein Mensch ohne die Führung eines erleuchteten Meisters Erleuchtung erfährt. Die Schulung unter einem Zen-Meister setzt jedoch die notwendige wahre Geisteshaltung des Anfänger-Geistes, ›Soshin‹, voraus.

Es ist jene offene Geisteshaltung, in der der Zen-Schüler sich bewusst ist, dass er, solange er noch nicht seine wahre Natur – den Geist-Ochsen – verwirklicht hat, nichts weiß. Dies ist die unbedingte Voraussetzung zum Loslassen all seiner liebgewonnenen Vorstellungen und Konzepte und somit zum Erwachen des Geistes.

Bist du mit einem wirklich erleuchteten Meister zusammen, dann befindest du dich durch die Strahlkraft seines erwachten Geistes in seinem erleuchteten Energiefeld. Doch eigentlich bist du nie getrennt von dieser erleuchteten Energie. Denn es ist die stets anwesende geistige Wirkkraft deines eigenen wahren Selbst, nur verborgen hinter dem Schleier deiner geistigen Verblendung, so dass du sie ohne die segensreiche Gegenwart des Meisters nicht erleben kannst.

Bist du jedoch mit offenem, leerem Geist mit dem Meister zusammen, dann bist du, je nachdem, wie weit du dich auf ihn einlässt, auch mit der mystischen Strahlkraft seiner erleuchteten Energie im Einklang. Hierdurch öffnet sich dir im Transformationsprozess deiner geistigen Verwirklichung das Auge der Erkenntnis für das große Mysterium deiner universellen Wesensnatur. Es öffnet den Zugang zum unendlichen inneren Raum, der sich dir in seiner überräumlichen Unendlichkeit und zeitlosen Ewigkeit offenbart.

> **Im fern hinziehenden Abendnebel erklingt weithin der Klang seiner Flöte. Der Vers im Takt seines Liedes ist von unendlich tiefem Sinn.**

Im Allgemeinen besteht die klassische chinesische Flöte aus einem Baumbusrohr mit Mundstück und seitlichen Löchern. Doch die geheimnisvolle Flöte des Zen ist die mystische ›Eiserne Flöte ohne Löcher‹, und nur wer es versteht, die saitenlose Harfe zu spielen, wird auch die Eiserne Flöte ohne Löcher blasen können. Dies bringt auch das Zen-Gedicht des chinesischen Zen-Meisters Hsüeh-tou (11. Jh.) zum Ausdruck:

> Der Mond schwebt über den Kiefern, und die nächtliche Veranda ist kalt, da klingt von deiner Bambusflöte ein altes Klagelied, das zu Tränen rührt.
> Doch der Klang der Eisernen Zen-Flöte ohne Löcher geht über alle Gefühle hinaus. Spiele nicht mehr, bis der tonlose Ton des alten Lao-tse dein ganzes Wesen erfüllt.

Von dem japanischen Zen-Meister Hakuin (18. Jh.) stammt eines der bekanntesten Koans, das in der Zen-Schulung von den Zen-Meistern häufig angewendet wird:

> Wenn man zwei Hände zusammenschlägt,
> dann ergibt das einen Ton.
> Doch was ist der Ton der einen Hand?

Der tonlose Ton des Zen ist die ›Wahrheit jenseits aller Worte‹. Es ist die Wahrheit, die jenseits all dessen liegt, was Sinne und Verstand zu fassen vermögen, und die unser wahres Wesen offenbart. Deshalb endet das Gedicht zum sechsten Ochsenbild mit den Worten:

> **Braucht der denn noch Worte, der diesen tiefen Sinn versteht?**

VII.

Der Ochse ist vergessen

Gedicht und Anmerkung von Kakuan

Auf dem Rücken des Ochsen
kehrte er heim.
Doch siehe, der Ochse ist nicht
mehr zu sehen.
Allein sitzt der Hirte
in heiter-gelassener Ruhe.
Der Morgen dämmert,
so dass die rote Sonne schon hoch
oben am Himmel steht.
Der helle Glanz des klaren Lichtes
leuchtet seit zeitloser Ewigkeit.
In seinem strohbedeckten Haus liegen
Peitsche und Leitseil nutzlos herum.

In der höchsten Wahrheit gibt es keine Zweiheit. Der Ochse ist unser ursprüngliches, allerinnerstes Wesen – das hat er nun erkannt. Wenn der Hase gefangen ist, braucht man keine Falle mehr. Wenn der Fisch gefangen wurde, benötigt man das Netz nicht mehr. Es ist, als hätte man leuchtendes Gold von der Schlacke befreit, oder wie der Mond, der hinter den Wolken hervorkommt.

Kommentar von Zensho

Auf dem Rücken des Ochsen kehrte er heim. Doch siehe, der Ochse ist nicht mehr zu sehen.

Auf dem vorangegangenen sechsten Ochsenbild hat der Hirte mit dem Ochsen den Einklang erlangt. Doch nun ist er so eins geworden mit ihm, dass es für ihn nicht mehr notwendig ist, sich seine Gegenwart in Erinnerung zu rufen. Dies bedeutet, dass der Geist-Ochse als bewusste objektive Erfahrung nicht mehr wahrnehmbar ist, da der Hirte ihn jetzt als sein allerinnerstes wahres Sein erkennt.

In der höchsten Wahrheit gibt es keine Zweiheit. Der Ochse ist unser ursprüngliches, allerinnerstes Wesen – das hat er nun erkannt.

Du erlebtest den Geist-Ochsen nur solange als getrennt von dir, wie du ihn noch nicht gemeistert hattest. Doch bei diesem Ochsenbild, bei dem der Ochse gemeistert ist, ist er ganz vergessen. Sein bewusstes Gewahrwerden hat sich jetzt aufgelöst. Das heißt: Der Geist-Ochse verschwindet als ›Objekt‹ der Wahrnehmung aus deinem Bewusstsein. Es ist wie bei der Beziehung zwischen Hase und Falle und zwischen Fisch und Netz. So sagt Kakuan:

Wenn der Hase gefangen ist, braucht man keine Falle mehr. Wenn der Fisch gefangen wurde, benötigt man das Netz nicht mehr.

Dieses Gleichnis, das ursprünglich von dem taoistischen Meister Dschuang-tse (3. Jh. v. Chr.) stammt, bezieht sich aber nicht nur auf den Geist-Ochsen. Vielmehr nimmt es auch Bezug auf alle buddhistischen Lehren und Sutras. Ja selbst die Wesensschau, das Kensho, und auch Zen, sind vollkommen vergessen. Denn erst wenn du dich von allem, was es auch sei, befreit hast, und innerlich ruhig, leer und still wirst, wird sich dir die Wahrheit jenseits aller Worte offenbaren.

Allein sitzt der Hirte
in heiter-gelassener Ruhe.
In seinem strohbedeckten Haus liegen
Peitsche und Leitseil nutzlos herum.

Jetzt ist der Geist-Ochse transzendiert und du bist der Herr deines Geistes und befindest dich zuhause, das heißt, du ruhst unerschütterlich in deinem inneren Grund. Bei dieser hohen Bewusstseinsverfassung ist die Kensho-Erfahrung erst richtig zur Reife gelangt. Hier kann man erst von einer wirklichen Wesensschau, von einem wahrhaft verwirklichten Kensho sprechen.

Viele Buddhisten lassen sich dazu verleiten, dies für den höchsten Seinsstand der Erleuchtung zu halten. Doch nach der Wahrheit des Zen ist dieser Geisteszustand noch knapp im Grenzbereich des Samsara, des Kreislaufs von Geburt und Tod. Obwohl er auf eine höhere Verwirklichung hinweist, ist dies noch nicht die große Befreiung.

›Es ist noch nicht das große Satori‹ wie bei einer wirklichen Erleuchtung, weil in dieser Erfahrung eines hohen Kenshos derjenige, der sich mit dem Geist-Ochsen als eins erlebt hat, immer noch da ist.

Der Geist-Ochse ist jetzt zwar weg, aber ›die Person bleibt‹ – und dies ist das entscheidende Problem! Doch gerade im vollkommenen Vergessen von beidem, von ›Geist-Ochse und der Person‹ zeigt sich die Verwirklichung des Zen. Denn erst im vollkommenen Vergessen von Geist-Ochse und Person wird jede Unterscheidung von Relativem und Absolutem aufgehoben.

Somit ist das Dableiben der Person, als Produkt der Einbildung eines Ichs, ›das allergrößte Hindernis‹ zur grenzenlosen Befreiung. Deshalb ruft dir Zen-Meister Po-chan (17. Jh.) zu:

> Mutig loslassen am Rande des Abgrunds. Wirf dich selbst in den Abgrund, voll Entschlossenheit und Vertrauen. Erst nach dem Tod des Ich-Wahns beginnst du zu leben. Das allein ist die Wahrheit.

Dieses Loslassen am Rande des Abgrunds ist ein Hineinfallen in deine eigene Tiefe. Der Wassertropfen fällt in das Meer und löst sich darin auf, und du befindest dich in der allumfassenden Ganzheit des Seins. In dieser Erfahrung offenbart sich das leuchtende Strahlen deines wahren göttlichen Selbst, das mit seinem Licht das ganze Universum erleuchtet.

Doch um zu dieser wunderbaren Erfahrung zu gelangen, muss dein Persönlichkeitswahn vollkommen, das heißt radikal erlöschen. Denn die Wurzel all deiner Probleme und Leiden liegt einzig und allein in deiner geistigen Verblendung mit der Wahnvorstellung einer für sich bestehenden Persönlichkeit.

Demzufolge ist die eigentliche, höhere Bestimmung deiner Pseudo-Persönlichkeit, sich aufzulösen. Es ist der Tod desjenigen, der sich für eine Person hält und in dieser Identifikation mit dem Erinnerungsgeflecht seiner toten Vergangenheit sein wahres, ewiges Selbst überdeckt. In einem alten Zen-Spruch heißt es deshalb: »Du musst es selbst erfahren, dass der Mensch, der wahrhaft lebt, nur aus einem Toten hervorgeht!«

Gib also die Wahnvorstellung deines Persönlichkeitskonzepts ein für alle Mal auf und verlagere dein Gewahrsein von der illusorischen Pseudo-Person auf die grenzenlose leere Weite des Geistes, und du befindest dich in der Fülle der allumfassenden Ganzheit des Seins.

Doch durch dein Nichterkennen dieser deiner wahren ursprünglichen Natur hat sich dein geistiges Gewahrsein zur Illusion einer für sich bestehenden Persönlichkeit verengt, die sich von allem als getrennt erlebt, so dass du dein wahres Wesen des unbegrenzten, überweltlichen Geistes mit allen Arten von Begriffen und Vorstellungen überdeckst. Auf diese Weise hast du dich selbst begrenzt und befindest dich in einem bedauernswerten Zustand der Bewusstseinsverengung.

Die Folgeerscheinung ist, dass du nur noch einen winzigen Ausschnitt, einen kleinen Aspekt der gesamten Wirklichkeit erfassen kannst. Die grenzenlose Weite des Einen Geistes hat sich so zu einem kleinen Kreis des individuellen Ego-Bewusstseins verengt.

Es ist so, als ob du durch einen Strohhalm hindurch in die grenzenlose Weite des Himmels schaust und den so begrenzten Blickwinkel für den ganzen Himmel hältst. Doch wenn der Strohhalm deiner begrenzten Bewusstseinsperspektive einer für sich bestehenden Persönlichkeit fällt, stehst du in der grenzenlosen Weite des Geistes. Dann verstehst du zum ersten Mal wirklich den tiefen Sinn von Huang-pos Worten: »Der Eine Geist und der eigene Geist sind nicht verschieden, sondern ein einziges Sein.«

Der Eine Geist und der eigene Geist sind in ihrer Essenz ein und dieselbe Wirklichkeit. Die Natur des eigenen Geistes zu erkennen bedeutet demzufolge, die wahre Natur der allumfassenden Ganzheit des Seins zu erkennen. Erkennst du deinen Geist, so ist der Geist Buddha. Erkennst du ihn aber nicht, so ist er der Ich-Wahn. Der Buddha ist wirklich, doch der Ich-Wahn ist Illusion. Diese Erkenntnis des Einen Geistes wird dir erst dann zuteilwerden, wenn du dich von allem, und sei es noch so klein oder schön und heilig, befreist. Zen-Meister Lin-chi aus dem 9. Jahrhundert spricht deshalb die kraftvollen Worte:

> Räume jedes Hindernis aus dem Weg.
> Wenn dir Buddha begegnet, so töte den Buddha!
> Nur so wirst du die Erlösung erlangen,
> nur so den Ketten entfliehen und frei werden.

Durch die Verwirklichung eines spiegelklaren Gewahrseins des Geistes mit einer durchgängigen Klarheit können keine dunklen Wolken des unterscheidenden Denkens mehr deinen Geist verdunkeln.

Kakuans Anmerkung zu diesem siebten Ochsenbild bringt dies auf wunderbare Weise zum Ausdruck:

> *Es ist, als hätte man leuchtendes Gold von der Schlacke befreit, oder wie der Mond, der hinter den Wolken hervorkommt.*

Bei dem höheren Verwirklichungsgrad einer wahren Kensho-Erfahrung, bei diesem siebten Ochsenbild, ist der Geist-Ochse als bewusste Erfahrung zwar vergessen, aber – der Geist-Ochse ist in Wahrheit immer noch da. Denn er ist die Wirklichkeit unseres wahren Seins. Er ist die strahlende Herrlichkeit des Einen Geistes, ›dein ursprüngliches, wahres Selbst‹, neben dem nichts anderes existiert. Als der ursprüngliche Zustand deines Geistes ist er die stets anwesende Wirklichkeit hinter allen Erfahrungen.

Alles, was als Formen vor deinem Auge erscheint, ist die Vielfalt der Widerspiegelungen des Geistes. Es ist der Eine Geist, neben dem nichts anderes existiert und der ganz und gar unberührt bleibt von allem Wandel und Tod. Doch der ›eigene Geist‹, in seinem Gebundensein an das Konzept der Wahnvorstellung einer für sich bestehenden Persönlichkeit, ist das grundlegende Problem aller deiner Probleme.

Demzufolge ist es eine große geistige Blockade, wenn jemand nach seiner Kensho-Erfahrung zwar das bewusste Gewahrsein seines stets gegenwärtigen Geist-Ochsen hinter sich gelassen hat, aber noch an dem verselbstständigten Konzept seiner Persönlichkeit hängt. Dies heißt in der Sprache des Zen: Er hängt fest am ›torlosen Tor zur Befreiung‹. Doch das torlose Tor hat kein Tor, wie willst du also hindurchkommen?

Wenn du allem Spuk ein Ende machen willst, dann gibt es keinen anderen Weg, als aufzuwachen – aus dem Traum von Körper, Geist und Welt – und somit herauszusterben aus dem Gaukelspiel deines projizierenden Bewusstseins. Das ist der wahre Weg des Zen.

In dem Augenblick, wenn du im Vergessen deiner selbst und aller Dinge dich ganz auf den mystischen Großen Tod einlässt, wird dir das große Leben zuteilwerden. Dann wirst du zum ersten Mal erfahren, dass in dir etwas lebt, das jenseits von Geburt und Tod besteht und weder im Wasser ertrinken noch im Feuer verbrennen kann. In der Koan-Sammlung Cong-rong-lu (13. Jh.) findet sich das folgende Beispiel:

> Ein Mann steht auf einer hundert Fuß hohen Stange – obwohl er es erreicht hat, ist es noch nicht das Wahre. Oben auf dieser hundert Fuß hohen Stange musst du einen Schritt vorwärts gehen!
> Das ganze Weltall der zehn Richtungen ist dann dein grenzenloser Leib.

Der Mann befindet sich schon ganz oben auf der Spitze der Stange, wie kann er da auch nur einen einzigen Schritt weitergehen? Doch da unser ganzes Welterleben von Körper, Geist und Welt nichts weiter als ein Traum ist, wohin sollte er weitergehen? Es gibt in Wirklichkeit kein Gefangensein im Kreislauf von Geburt und Tod und demzufolge auch keine Befreiung zu erlangen. Dies ist ein ganz wesentlicher, grundlegender Gedanke des Zen.

Denn alles ist der Eine Geist, neben dem nichts anderes existiert. Alles ist MU! So ist es. MU – Nichts! Zu diesem Nichts musst du werden – es ganz sein. Aber halte dich nicht fest an dem Wort MU, sonst bist du schon wieder fixiert. Dann ist dein MU nichts weiter als eine wertlose Gedankenkonstruktion ohne Leben und nicht das wahre MU des Zen.

MU ist einer der zentralen, wesentlichen Begriffe des Zen und steht für das vollkommene Freisein von allen Identifikationen und Anhaftungen und die Verwirklichung der Leere ›Shunyata‹. In der bekannten Koansammlung Mumonkan, ›Das torlose Tor‹, aus dem 13. Jahrhundert begegnen wir MU im ersten Beispiel, dem Koan ›Joshus Hund‹.

> Ein Mönch fragt Zen-Meister Joshu: »Hat ein Hund Buddha-Natur?« Joshu antwortet: »MU!«

Joshus MU bedeutet weder ein Ja noch ein Nein. Es ist eine alogische Antwort, die den Gegensatz von Ja und Nein übersteigt und unmittelbar auf die dem Menschen immanente Buddha-Natur, ›die absolute Wirklichkeit jenseits aller Benennung und Unterscheidung‹ hinweist. Mit den kraftvollen Worten von Zen-Meister Mumon zu dem Koan ›Joshus Hund‹:

> Hund, Buddha-Natur,
> die Wahrheit zeigt sich deutlich.
> Ein Augenblick von Ja und Nein,
> und Leib und Leben sind verloren.

Das hervorstechende Merkmal bei allen Koans ist das Alogische, das Widersinnige der Worte. Liest man die aus dem Geist des Zen gesprochenen Antworten der Zen-Meister auf die Fragen ihrer Schüler, dann ist man verwirrt und fragt sich, was die Antwort eigentlich mit der Frage zu tun hat.

Doch sollten wir uns bewusst machen, dass es sich bei diesen Äußerungen der großen Zen-Meister nicht um eine begriffliche oder intellektuelle Feststellung innerhalb der gewohnten Grenzen des logischen Denkens handelt. Vielmehr haben wir es hier mit dem Ausdruck einer gewaltigen Erfahrung von solch einer allumfassenden Universalität zu tun, dass in ihr alle Schranken von Raum und Zeit und alle Begrenzungen einer verbalen Vermittlung überschritten werden.

Das Koan sprengt deinen Intellekt. Es verursacht einen Kurzschluss in deinem Denken und lähmt dein kritisches Unterscheidungsvermögen. Denn der Sinn und Zweck eines Koans ist, dass es in dir eine geistige Grenzsituation herbeiführt, bei der dein Verstand festsitzt, so dass du weder vor- noch zurückkannst. Du befindest dich am Abgrund des absoluten Nichts, und deine einzige Rettung ist, dich selbst und alles, was es auch sei, loszulassen.

Wer also glaubt, mit verstandesmäßigen Überlegungen das Koan MU lösen zu können, wird sich nur im Kreis drehen. Diejenigen, die sich an Worte und Redensarten klammern, MU verstandesmäßig deuten und so versuchen, es zu verstehen, können mit einem Narren verglichen werden, der vergeblich versucht, den Mond mit einem Stock zu schlagen.

Doch was ist nun dieses geheimnisvolle, wahre MU des Zen? Zen-Meister Mumon spricht in seinem Kommentar zum Koan ›MU‹ die verheißungsvollen Worte:

> Nun sagt mir: Was ist die von den alten Meistern errichtete Sperre?
> Es ist nichts anderes als eben dieses ›MU‹, das ist die Schranke des Zen. Daher wird es das ›torlose Tor des Zen‹ genannt.
> Wer diese Schranke vollkommen überwunden hat, wird nicht nur deutlich den alten Joshu von Angesicht zu Angesicht sehen, sondern er kann

auch Hand in Hand gehen mit allen Meistern der Vergangenheit.
Mit den Augenbrauen einander berührend, sieht er mit dem gleichen Auge, mit dem sie sehen, und hört mit dem gleichen Ohr, mit dem sie hören. Wäre das nicht wundervoll? Wer wünschte sich nicht, durch diese wundervolle Schranke zu gehen?

Das sich an die Vorstellung einer Persönlichkeit anhaftende Ich-Bewusstsein wird im folgenden Beispiel aus dem Mumonkan mit einer Kuh im Fenster verglichen:

> Eine Kuh geht durch ein Fenster. Ihr Kopf, ihre Hörner, ihr Bauch und ihre vier Beine sind schon durch. Doch wie kommt es, dass ihr Schwanz nicht durchkommt?

Zen-Meister Mumon fügt diesem wunderbaren Koan folgenden Vers an:

> Kommt es durch, so fällt es in den tiefen Graben. Kehrt es um, ist es dahin. Dieses klitzekleine Schwänzchen! – Was für ein äußerst seltsames und sonderbares Ding es doch ist!

In diesem Koan, das im Zen als eines der acht schwierigsten Koans bezeichnet wird, erscheint MU in Form einer Kuh. Die alten chinesischen Zen-Meister sagten: »Der Schlüssel zu diesem Koan liegt darin, dass man erst durch die vollkommene Vernichtung des im Kensho noch anhaftenden kleinen Ichs zur großen Befreiung gelangt.«

Doch was ist nun dieser äußerst seltsame und geheimnisvolle Kuhschwanz? Er ist nichts anderes als deine Ich-Vorstellung, als dein allereigenstes grundlegendes Problem, das du selbst lösen musst, wenn du die Kuh durchs Fenster bringen willst.

Bei der Verwirklichung der Wesensschau, dem Kensho, in diesem siebten Ochsenbild, hast du deinen Geist-Ochsen als ›Objekt‹ deiner bewussten Wahrnehmung zwar überstiegen und somit auch vergessen. Aber die Kuh – das heißt dein Geist – hängt doch noch im Fenster deines Persönlichkeits-Konzepts fest.

Du hast zwar einen gewaltigen spirituellen Transformationsprozess erfahren, doch du klammerst dich noch an der Illusion eines Ichs fest. Das Kensho ist zur Reife gelangt, doch in deiner Wahnvorstellung einer für sich bestehenden Persönlichkeit klammerst du dich ängstlich am Leben fest. Das heißt: Dein ›Ich-Wahn‹, das Ego, klammert sich fest. Deshalb wird im Buddhismus der Ich-Wahn auch Ahamkara, ›der Anklammerer und Ego-Macher‹, genannt. Das Verstandes-Ego nimmt in dieser Situation am Abgrund des Nichts mit erschreckender Präzision wahr, dass sein Loslassen seinen sicheren Tod bedeuten würde.

Da es aber ein für sich bestehendes ›Einzel-Selbst‹ nicht gibt, kann es sich beim Sterben des Ichs nur um den Tod aller den Ich-Wahn bedingenden Konzepte und Anhaftungen handeln. Die Angst vor dem Loslassen ist somit nichts anderes als die Folgeerscheinung deiner Identifikation mit deinen Bewusstseinsinhalten. In der Identifikation mit dem Erinnerungsgeflecht deiner toten Vergangenheit und mit deinem Körper und dem Verstand bist du davon überzeugt, dass dies dein wahres Sein, das heißt deine Persönlichkeit sei.

Doch in Wirklichkeit existiert nichts anderes als eine Kette von Momentexistenzen und -kombinationen, in der Weise schnell aufeinander folgender Bewusstseinsblitze. Das, was du im Allgemeinen als dein ›Ich‹ bezeichnest, hat somit keine Wirklichkeit aus sich selbst. Es ist lediglich eine momentane, flüchtige Verbindung sich ständig verändernder Energien.

Unser sogenanntes individuelles Dasein, das heißt unsere Persönlichkeit, ist somit in Wirklichkeit nichts weiter als ein ununterbrochener, fortlaufender Prozess des Zusammenwirkens von unpersönlichen Daseinsfaktoren mit der Illusion eines konstanten Bewusstseins.

Doch in dem Augenblick, wenn plötzlich die Bewusstseinsinhalte wegfallen und du für einen kurzen Moment an den Grenzbereich der Leere des Geistes kommst, wird sich das heraufziehende Gefühl von Identitätsverlust erheben. Dann suchst du in panischer Angst sofort einen Haltepunkt, an dem du dich festhalten kannst. Je mehr du dich in dieser Situation bemühst loszulassen, umso mehr wirst du festklammern, denn Spannung ist gehemmtes Wollen.

Das wirkliche Loslassen geschieht immer unvermittelt, ganz plötzlich in einem Moment, in dem du vollkommen absichtslos bist und es nicht erwartest. Es geschieht dir, wenn du zu solch einem Loslassen kommst, dass dieses Loslassen kein Loslassen ist, das du ›machst‹, sondern dass es ein Loslassen ist, das du ›bist‹. Dass es ein Vergessen deiner selbst und aller Dinge ist, solcherart, dass du selbst zum ›Losgelassensein‹ geworden bist. Dies geschieht jedoch ohne dein willentliches Zutun, sondern allein aus Gnade, ›Tariki‹, der Wirkkraft des Einen Geistes.

Doch solange du noch ängstlich an deinem Leben festhängst, so dass du denkst: »Ich möchte mich auf das Todlose einlassen und hineinsterben in den Abgrund des göttlichen Nichts, aber hoffentlich komme ich auch wieder ins Leben zurück« - solange bist du noch nicht reif für den ›Großen Tod‹, für die Erleuchtung.

Du kannst die strahlende Herrlichkeit des göttlichen Seins nur erfahren, indem du voller Vertrauen ganz hineinstirbst, radikal, ohne Rest. So wie der an der Wolke hängende Wassertropfen nur dann erfahren kann, was das Meer ist, wenn er loslässt und in das Meer hineinfällt und sich darin auflöst. Und das bedeutet, dass du zu solch einem totalen Loslassen kommen musst, dass es wirklich ein vollkommenes Vergessen von Körper, Geist und Welt ist. Mit den Worten des japanischen Zen-Meisters Dogen Zenji (13. Jh.):

> Das wahre Selbst wirklich zu erfahren bedeutet, sich vollkommen zu vergessen; sich selbst vollkommen vergessen bedeutet: Erleuchtung.

Das Hindernis zum absoluten Loslassen ist die große Angst vor der großen Leere, die eine Folgeerscheinung deines verselbstständigten Konzepts der Identifikation mit dem Ich-Wahn ist. Diese Angst ist jedoch nichts weiter als ein leeres Gefühl, doch wo die Gefühle sich erheben, geht die geistige Klarschau verloren. So sagt auch Zen-Meister Huang-po:

> Die Menschen haben Angst, ihr Bewusstsein aufzugeben, denn sie fürchten, haltlos in die Leere zu fallen. Sie wissen nicht, dass die Leere nicht

> wirklich leer ist, sondern der Bereich des strahlenden Dharmakaya. Dieses geistig erleuchtende wahre Wesen ist anfanglos und zeitlos wie die Leere und weder Geburt noch Zerstörung unterworfen. Es ist alles durchdringende, fleckenlose Schönheit. Es ist die aus sich selbst existierende und nicht geschaffene absolute Wirklichkeit.

Hier gibt es keinen anderen Weg, als den Sprung ins Grenzenlose zu wagen, um diese Wirklichkeit zu erfahren. MU – Nichts! Zu diesem Nichts musst du werden – es ganz sein. In dieser Geistesverfassung der dunklen Nacht der Sinne und des Geistes, die im Zen ›Dai-Gidan, der große Zweifel‹ genannt wird, steckt der Geist fest, so dass er weder vor- noch zurückkann.

Der große Zweifel ist der einer wirklichen Erleuchtungserfahrung stets vorausgehende, unausweichliche Bewusstseinszustand. Er ist eine Art geistige Sperre, bei der der Strom des Denkens ins Stocken gerät und nicht weiterfließen kann. Der unendliche Abgrund des göttlichen Nichts tut sich vor dir auf, und du stehst an der Schwelle des mystischen Todes.

Deshalb sagt Zen-Meister Mumon in seinem Kommentar zum Koan von der Kuh im Fenster: »Kommt es durch, dann fällt es in den tiefen Graben. Kehrt es um, ist es dahin.« Mit anderen Worten: Wenn du nach vorne gehst, dann fällst du in den unendlichen Abgrund des göttlichen Nichts, gehst du zurück, dann verdirbst du im ›Samsara‹, dem Kreislauf von Geburt und Tod.

Dies ist die Situation eines voll ausgereiften Kenshos, bei der das Ich, wie die reife Frucht am Baum, mit seinem Stiel nur noch an einem dünnen Faden hängt. Du befindest dich in einem Geisteszustand jenseits von Sein und Nicht-Sein. Zen-Meister Hakuin (18. Jh.) beschreibt diesen Zustand sehr eindrücklich:

> Wenn du dein wahres Wesen erfahren willst, musst du über dem Abgrund loslassen. Wenn du danach wieder auflebst, erfährst du dich als den strahlenden ›Selbst-Geist‹.
> Was bedeutet es, über dem Abgrund loszulassen? Es ist wie bei einem Verirrten, der sich plötzlich an einem unendlich tiefen Abgrund befindet. Seine Füße stehen auf schlüpfrigem Felsmoos, kein sicherer Halt bietet sich. Er kann weder voranschreiten noch zurückweichen: da wartet nur allein der Tod.
> Wenig Hilfe bietet ihm ein dünner Rebzweig, den er mit einer Hand fasst, sein Leben hängt wie an einem Faden. Lässt er plötzlich los, so wird sein dürres Gebein ganz zunichte. Genau so ist es mit dem Zen-Übenden. Er kommt dahin, dass sein

> Geist wie tot, sein Wille wie erloschen ist; weite Leere über einem steilen Abgrund, kein Halt für Hände und Füße. Alle Gedanken schwinden, in der Brust steigt heiß die Angst auf.

In dieser Situation des großen Zweifels am Abgrund des göttlichen Nichts ruft dir Zen zu:

> Am Rande des Abgrunds hängend lass los und stirb ganz und gar, dies ist der einzige Weg zur Befreiung.

Wie trostlos sich dieser Zustand auch anhören mag, so birgt er in sich doch die große Verheißung zur großen Befreiung. Mit den Worten von Zen-Meister Kakuan zu diesem siebten Ochsenbild:

> **Der Morgen dämmert,**
> **so dass die rote Sonne schon hoch**
> **oben am Himmel steht.**
> **Der helle Glanz des klaren Lichtes**
> **leuchtet seit zeitloser Ewigkeit.**

VIII.

Ochse und Hirte sind vergessen

Gedicht und Anmerkung von Kakuan

Peitsche, Leitseil, Ochse und der Hirte,
im Nichts haben sie sich
vollkommen aufgelöst.
Unendlich weit ist der tiefblaue Himmel,
keine Worte vermögen ihn zu beschreiben.
Kann denn eine Schneeflocke
im lodernden Feuer bestehen?
Ist er dahin gelangt, dann begegnet er
dem Geist der alten Patriarchen des Zen.

Von geistiger Verblendung ist er befreit, und auch alle Vorstellungen von Erleuchtung sind verschwunden. Er verweilt nicht an einem Ort, wo Buddha ist. Doch auch da, wo Buddha nicht ist, geht er schnell vorüber.
Da er bei keinem von beiden stehen bleibt, können auch tausend Augen sein Allerinnerstes nicht durchschauen. Wenn auch hunderte von Vögeln seinen Weg mit herrlichen Blumen bestreuten, so wäre diese Ehrerbietung für ihn völlig bedeutungslos.

Kommentar von Zensho

Peitsche, Leitseil, Ochse und der Hirte, im Nichts
haben sie sich vollkommen aufgelöst.
Unendlich weit ist der tiefblaue Himmel,
keine Worte vermögen ihn zu beschreiben.

Plötzlich ist die Macht des denkenden Geistes gebrochen. Aus der Tiefe der Dunkelheit kommt die Fülle des Lichtes zum Vorschein und dein wahres Selbst erstrahlt in leuchtender Klarheit.

Dies ist die Erfahrung des großen Satori. Der Große Tod und das Sichauflösen in die grenzenlose Weite des Seins im Augenblick der Erleuchtung ist eine einzige Erfahrung und geschieht im selben Moment. In dieser großen Befreiung offenbart sich dir dein ursprüngliches, wahres Wesen, das hinter den Wolken deiner geistigen Verblendung verborgen war.

Hier offenbart sich dir der Geist-Ochse in seiner transzendenten Wirklichkeit, mit seinem prachtvollen Kopf und seinen herrlichen Hörnern. Du bist zum Ursprung zurückgelangt und erkennst dein ursprüngliches Angesicht vor deiner Geburt, das als die alles erleuchtende Buddha-Natur erstrahlt. Eine sehr eindrückliche Beschreibung seiner Erleuchtungserfahrung gibt uns der japanische Zen-Meister Imakita Kosen (18. Jh.): »Eines

Nachts war plötzlich die Grenze von früher und später wie abgeschnitten, und ich trat ein in den herrlichen Bereich des Wunderbaren. Ich befand mich auf dem Grunde des ›Großen Todes‹, keine Wahrnehmung vom Sein aller Dinge und vom Ich blieb. Ich fühlte nur, wie sich mein Leib auflöste und mein Geist sich ins Grenzenlose ausweitete und ein unendlicher Lichtglanz entstand.«

Im Augenblick der Erleuchtung löst sich das ganze Trugbild des persönlichen, begrenzten Egos auf, und es offenbart sich die fundamentale Einheit der einen, absoluten, zeitlosen Wirklichkeit. In dieser Erfahrung von hell strahlender Klarheit erkennst du, dass dein eigener Geist und die grenzenlose Weite des Einen Geistes ein einziges Sein ist, neben dem nichts anderes existiert.

Dein wahres Auge der Erleuchtung ist mit einem Mal geöffnet, und du fühlst dich wie ein von den Toten Auferstandener. In dir selbst ist alles verwirklicht und du erfährst dich als das ursprüngliche, strahlende, reine Licht des Einen Geistes, in dem Raum und Zeit aufgehoben sind. In diesem Bewusstsein von wundervoller Klarheit ist dein Geist weit und grenzenlos. Vollkommen ganz, von Licht strahlend, leuchtet er heller als tausend Sonnen und durchdringt das ganze Universum.

Als We-dse (7. Jh.) zum ersten Mal Zen-Meister Huichung aufsuchte, wurde ihm urplötzlich die blitzartige Erleuchtung zuteil. Voller Freude rief er aus:

> Himmel und Erde bestehen keineswegs wirklich; die Dinge und ich bestehen ebenfalls keineswegs wirklich. Und dennoch kann man nicht sagen, dass sie nicht wirklich sind. Da es sich so verhält, sind sowohl die großen erleuchteten Weisen als auch die gewöhnlichen, im Nichtwissen gefangenen Menschen nichts weiter als ein Traum, ein unwirkliches Schattengebilde. Wie kann es da Leben und Tod geben?
>
> Buddha war derjenige, der dies mit dem Auge der Weisheit zu sehen vermochte, und so wurde er Herr über alle Dinge.
>
> Nun, jetzt, da ich selbst erwacht bin, sehe ich es selbst und weiß, dass dem so ist.

Im Augenblick des großen Satori stirbt die nach der Kensho-Erfahrung noch verbleibende Pseudo-Persönlichkeit, der Ich-Wahn, den Großen Tod und löst sich auf. Du selbst als Person und der Geist-Ochse als Objekt deiner inneren Hinwendung: ›im Nichts haben sie sich vollkommen aufgelöst‹. Alles – Körper, Geist und Welt – alles hat sich aufgelöst in die strahlende Leerheit des Einen Geistes, neben dem nichts anderes existiert. Es ist die Erfahrung der absoluten Leerheit, in der nur das reine, hellklare Selbst-Gewahrsein ohne Wahrnehmenden und ohne bewusste Wahrnehmung bleibt.

Dieses hellklare, erleuchtete Selbst-Gewahrsein des Geistes in der Erfahrung der absoluten Leere ist hier keine Funktionsweise des Erkennens mehr, sondern ›das reine Erkennen selbst‹ in seinem ursprünglichen, absoluten, überseienden Nicht-Sein. Deshalb befindet sich auf dem achten Ochsenbild auch der leere Kreis ›Enso‹, der im Zen für die Erleuchtung ›Satori‹ steht.

In diesem Erwachen zur Wirklichkeit deines ungeborenen, todlosen, wahren Selbst erstrahlt der Eine Geist als dein wahres Angesicht vor deiner Geburt in vollem Glanz, und du bist erfüllt von großer Klarheit und unbeschreiblichem Frieden.

Das Erleben der großen Erleuchtung ist wie das Zerspringen eines Felsens, in dem man eingeschlossen war. In einem Augenblick ist alles vollkommen verwandelt. Eine gewaltige geistige Explosion, die die Welt in ihren Grundfesten erschüttert, und alles löst sich auf. Es ist das Verschwinden aller Bewusstseinsinhalte, welcher Art auch immer. Alles – Körper, Geist und Welt – lösen sich auf. Einzig und allein dein wahres Selbst bleibt, das mit seinem strahlenden Licht das ganze Universum erleuchtet. Denn:

Kann denn eine Schneeflocke im lodernden Feuer bestehen?

Im Hindurchbrechen durch das torlose Tor, im Augenblick des Großen Todes, verbrennt mit einem Nu das ganze Erinnerungsgeflecht deiner toten Vergangenheit mit allen Konzepten. Das Bewusstsein von Körper, Geist und Welt und das Konzept der Ich-Vorstellung erlöschen vollkommen, und du wirst emporgehoben über alle Begrenzungen eines raum-zeitlichen, erdgebundenen Daseins. Du wirst emporgehoben über die dunklen Nebel einer äußeren Erscheinungswelt in das klare Licht der Wirklicheit.

Alles fällt von dir ab und du fühlst dich so, als wäre eine zentnerschwere Last von dir genommen worden. Es ist das große Erwachen aus dem Traum einer raumzeitlichen äußeren Erscheinungswelt. In diesem erleuchteten Bewusstsein von wunderbarer Klarheit erlebst du die Welt so, als würdest du sie zum ersten Mal sehen.

Von geistiger Verblendung ist er befreit, und auch alle Vorstellungen von Erleuchtung sind verschwunden.

In der Verwirklichung des großen Satori ist der Erleuchtete von jeder Dualität befreit, so dass auch nicht die geringste Vorstellung von Erleuchtung oder Heiligkeit zurückbleibt.

Im Bi-yän-lu, der Niederschrift von der smaragdenen Felswand, findet sich das folgende Beispiel:

> Der chinesische Kaiser Wu-Di von Liang fragte Bodhidharma, den ersten Patriarchen des Zen:
> »Was ist der tiefste Sinn der heiligen Wahrheit?«
> »Offene Weite – nichts von heilig.«

Die Frage des Kaisers zeigt, dass er noch an einer Vorstellung von Heiligkeit haftet. Er stellt diese Frage, weil er glaubt, in dem ersten Patriarchen des Zen einen hoch zu verehrenden Heiligen vor sich zu haben, der es somit am besten wissen muss. Doch Bodhidharmas berühmte Antwort ist ein gewaltiger Schwerthieb: »Offene Weite – nichts von heilig.«

Es gibt im Zen keine Trennung zwischen heilig und gewöhnlich. Zen unterscheidet nicht zwischen spirituellem Leben und aktivem Leben. Die ganze Welt, das ganze Universum, alles ist heilig – nichts, was nicht heilig wäre – und dies heißt: nichts ist besonders heilig. Mit anderen Worten: Offene Weite – nichts von heilig.

Im Erleuchtungserlebnis des Satori ist jede Dualität überstiegen, so dass der Erleuchtete im vollkommenen Einklang mit dem Tao lebt und sich mit allem als vollkommen eins erfährt. Er erlebt sein wahres Selbst und das Selbst aller Wesen nicht mehr als verschieden und getrennt, sondern als ein einziges Sein. So dass er nur noch sagen kann: »Ich bin du und du bist ich – in unserem wahren Selbst umfangen wir das ganze All.«

Im heiter-gelassenen Widerspiegeln des Geistes lebt er so, als der aus dem Traum von Geburt und Tod Erwachte, jenseits aller Unterscheidung, in der allumfassenden Ganzheit des Seins. Er verweilt weder im Bereich der Heiligkeit noch im Bereich des Irrtums. Es gibt für ihn keine Unterscheidung zwischen Buddha und dem gewöhnlichen Menschen. Denn, mit den Worten von Zen-Meister Huang-po: »Buddha und alle lebenden Wesen sind nichts anderes als der Eine Geist, neben dem nichts anderes existiert.« Deshalb sagt Kakuan:

> *Er verweilt nicht an einem Ort, wo Buddha ist. Doch auch da, wo Buddha nicht ist, geht er schnell vorüber.*

Samsara und Nirvana sind eine einzige Wirklichkeit. Deshalb gibt es für den Erwachten auch nicht die Unterscheidung zwischen dem reinen Land des ›Sukhavati-Paradieses‹ und dem ›Samsara‹, dem Kreislauf von Geburt und Tod. Sein multidimensionales Bewusstsein der allumfassenden Ganzheit des Seins hat sich über jede Unterscheidung von Bejahung oder Verneinung erhoben und alles transzendiert in die eine Wahrheit. Als der zur Wirklichkeit des geburt- und todlosen Geistes Erwachte hat er die wunderbare Einheit von Leben und Tod erkannt, so dass für ihn die Frage von Sein oder Nicht-Sein ihre Bedeutung verloren hat.

Da er bei keinem von beiden stehen bleibt, können auch tausend Augen sein Allerinnerstes nicht durchschauen.

Lao-tse, der taoistische Altmeister aus dem sechsten Jahrhundert v. Chr., gibt uns in seinem Tao Te King, dem Buch vom Tao und der Wirkkraft, eine sehr gute Beschreibung eines erleuchteten Weisen:

Die wahrhaften Meister der alten Zeit
waren feinsinnig, geheimnisvoll und tiefgründig.
Verborgen waren sie und undurchschaubar.
Weil undurchschaubar,
kann ich sie nur mit Mühe beschreiben.

Der Erwachte, der durch sein Hineinsterben in den Großen Tod sein Erwachen aus dem Traum von Körper, Geist und Welt erfahren hat, steht in der großen Bejahung und Fülle des Lebens. Als der zu seinem geburt- und todlosen wahren Selbst Erwachte erlebt er sich als der immer gewesene, jetzt aber hervorstrahlende Selbst-Geist. Er erfährt sich als ungeboren und unsterblich und als die Ewigkeit selbst.

Ist er dahin gelangt, dann begegnet er dem Geist der alten Patriarchen des Zen.

Wenn du dahin gelangst, dann befindest du dich im vollkommenen Einklang mit allen erleuchteten Meistern der Vergangenheit, Gegenwart und Zukunft. Und jeder, der dir auch begegnen mag, begegnet zugleich ihnen allen. Deshalb heißt es im Zen: »Wer einen Buddha sieht, hat zugleich alle Buddhas gesehen.«

Im Hindurchbrechen durch das torlose Tor der großen Befreiung ist der Ich-Wahn den Großen Tod gestorben, so dass nichts mehr von Eigendünkel zu finden ist. Hierdurch ist der Erleuchtete, in der Verwirklichung der nicht-unterscheidenden Klarschau des Geistes, zur natürlichen Einfachheit jenseits von Annehmen und Verwerfen gelangt und über alle Unterscheidung hinausgegangen.

Da er sich jenseits des Bereichs der Unterscheidung befindet, hat er die absolute Negation des Zen vollendet und sein Bewusstsein in der Erleuchtung vollkommen transzendiert. In dieser großen Befreiung des Geistes sind alle Vorstellungen von Besonderheit von ihm abgefallen, so dass man keine Anzeichen von Heiligkeit an ihm erkennen kann. So sagt Kakuan in seiner Anmerkung zum Gedicht:

> *Wenn auch hunderte von Vögeln seinen Weg mit herrlichen Blumen bestreuten, so wäre diese Ehrerbietung für ihn völlig bedeutungslos.*

IX.

Zum Ursprung zurückgekehrt

Gedicht und Anmerkung von Kakuan

Zum Ursprung ist er zurückgekehrt.
Doch seine Schritte waren umsonst.
Besser, er wäre von Anfang an
wie blind und taub gewesen –
wohnend in seinem wahren Zuhause,
ohne Verlangen nach dem Äußeren.
Der Fluss fließt, wie er fließt,
die roten Blumen sind von selber rot.

Von Anfang an gibt es keinen Staub – die Wahrheit zeigt sich deutlich. Er betrachtet das wechselnde Entstehen und Vergehen allen Lebens in der Welt und verweilt im gelassenen Nicht-Tun.
Von den vergänglichen Trugbildern dieser Wandelwelt lässt er sich nicht täuschen. Warum sollte er sich noch um irgendetwas bemühen?
Blau fließen die Flüsse, die Gebirge sind grün. Er ruht in sich selbst und betrachtet den Wandel aller Dinge.

Kommentar von Zensho

Zum Ursprung ist er zurückgekehrt.
Doch seine Schritte waren umsonst.

Im Augenblick deines Erwachens aus dem Traum von Körper, Geist und Welt wurde dir schlagartig bewusst, dass dein eigener Geist Buddha ist und dass es von allem Anfang an nichts zu erreichen gab.

Bist du zum Ursprung deines geburt- und todlosen wahren Seins zurückgekehrt, dann erkennst du, dass alle deine Bemühungen umsonst waren. Denn du hattest nur unnötige Mühen auf dich genommen, um dein wahres Wesen zu finden, obwohl du es in Wirklichkeit nie verloren hattest, da es ja als der stille Beobachter hinter allen Erfahrungen stets gegenwärtig war.

So sagt auch der chinesische Zen-Meister Pao-chi (9. Jh.): »Der Große Weg kann nicht durch Praxis erlangt werden; das ganze Gerede von Praxis ist für unwissende Menschen bestimmt. Wenn du das Prinzip ergründet hast und zurück auf die Praxis blickst, dann wirst du zum ersten Mal erkennen, dass du dich umsonst abgemüht hast.«

Du kannst dein wahres Selbst nicht durch Bücher und Gelehrsamkeit finden, weil es jenseits aller Worte, jenseits des Denkens liegt. Du kannst alle Aussagen der alten Meister studieren und auswendig im Kopf haben und sämtliche Kommentare dazu. Doch in dem Augenblick, wenn du plötzlich zur strahlenden Herrlichkeit des Einen Geistes erwachst, wirst du erfahren, dass alles nichts weiter war als Spreu, ohne wirklichen Wert.

Dies erfuhr auch Tokusan (9. Jh.), der später ein gewaltiger Zen-Meister wurde. Tokusan war ein großer buddhistischer Gelehrter. Er war spezialisiert auf die Auslegung des Diamant-Sutra und praktizierte Zen bei Zen-Meister Ryutan.

> Einmal verbrachte er zusammen mit seinem Meister in dessen Zimmer den Abend. Als es dunkel wurde, sagte der Meister zu Tokusan: »Es ist spät geworden, du solltest besser schlafen gehen.« Tokusan verabschiedete sich und ging hinaus. Er kam aber schnell wieder zurück mit den Worten: »Es ist draußen sehr dunkel, ich kann nichts sehen.«
> Ohne ein Wort zu sagen, zündete Zen-Meister Ryutan eine Öllampe an und reichte sie ihm. Als Tokusan seine Hand nach der Lampe ausstreckte, blies der Meister plötzlich das Licht in der Lampe aus. Im selben Augenblick strahlte der Geist von Tokusan auf und weitete sich ins Grenzenlose, und er erlangte die große Erleuchtung.

> Am nächsten Morgen nahm er alle seine gesammelten philosophischen Aufzeichnungen über das Diamant-Sutra, verbrannte sie vor dem Kloster und rief:
> »Alles Wissen und Lernen ist, verglichen mit der Tiefe der höchsten Erfahrung, wie ein Wassertropfen, der in den unendlichen Abgrund fällt.«
>
> Als Tokusan eines Tages das Diamant-Sutra las, fragte ihn ein neugieriger Mönch, welches Sutra er da lese. Tokusan hob das Diamant-Sutra hoch und sagte: »Dies ist das letzte zum Verbrennen.«

Im Augenblick der Erleuchtung erkennst du mit hellklarer Bewusstheit, dass all das, was du vorher durch deine geistige Anstrengung erreicht hattest, nur unnötiger Ballast war. Doch wärest du von Anfang an ›wie blind und taub gewesen‹ für all die hochgelehrten theoretischen Darlegungen über die unaussagbare Wahrheit, dann hättest du dir all die Mühen ersparen können.

Denn hättest du dich gleich, mit deinem ganzen Sein, in deinen allerinnersten Grund versenkt und dich darin aufgelöst, dann hätte sich dir gleich dein wahres Selbst als dein ›wahres Zuhause‹ offenbart. Dies wollen uns auch die Worte in Zen-Meister Kakuans Gedicht zu diesem neunten Ochsenbild sagen:

Besser, er wäre von Anfang an wie blind und taub gewesen – wohnend in seinem wahren Zuhause, ohne Verlangen nach dem Äußeren.

Dein ganzes Suchen im Äußeren war nichts weiter als eine Ansammlung von Staub auf der Oberfläche des strahlenden Geist-Spiegels, ohne jede Wirklichkeit. Da der Geist wie ein klarer Spiegel ist, sind die Reflexionen des unterscheidenden Denkens, die die Wirklichkeit überdecken, einfach nur wie Staub und Schmutz auf dem wahren Geist. Wenn sich falsche Gedanken jedoch auflösen, erscheint der ursprüngliche Geist von selbst.

Es ist, als würdest du einen Spiegel polieren; hast du den Staub weggewischt, ist alles durch und durch transparent und es erscheint von selbst die anfanglose, hell strahlende Klarheit. Und so sagt Kakuan in seiner Anmerkung zu seinem Gedicht:

Von Anfang an gibt es keinen Staub – die Wahrheit zeigt sich deutlich.

Die Erleuchtungserfahrung ist der große Wendepunkt im Leben eines Menschen, der die ganze Persönlichkeit erfasst. Du erlebst eine geistige Revolution, eine gewaltige ›Feuertaufe des Geistes‹, die dein ganzes Leben vollkommen verwandelt. Du hast in dieser Neugeburt einen neuen, völlig anderen Seinszustand erreicht, der deine ganze Sichtweise und dein Verhalten zum Leben vollkommen verändert.

Er betrachtet das wechselnde Entstehen und Vergehen allen Lebens in der Welt und verweilt im gelassenen Nicht-Tun.
Von den vergänglichen Trugbildern dieser Wandelwelt lässt er sich nicht täuschen.
Warum sollte er sich um irgendetwas bemühen?

Das Verweilen im gelassenen Nicht-Tun ›Wu-wei‹ ist jedoch kein passives Nichts-Tun. Vielmehr haben wir unter Wu-wei eine hellklare, bewusste Geisteshaltung zu verstehen, bei der aktives Handeln zu jeder Zeit möglich ist und der Erwachte durch sein Sichzurücknehmen die universelle Wirkkraft durch sich hindurchfließen lässt.

Es ist der harmonische Einklang mit dem Tao, so dass der Erwachte in der alles erfüllenden Fülle des göttlichen Seins verweilt. In dieser höchsten Verwirklichung des multidimensionalen Bewusstseins lebt er in der allumfassenden Ganzheit des Seins, so dass er jetzt das ganze Universum als seinen eigenen geistigen Leib – als seine eigene absolute Wirklichkeit – erlebt. Der Geist des so zur Ur-Quelle Zurückgekehrten wird daher zur Quelle selbst. Wie der Wind in den Bäumen und der Mond im Wasser lebt der vollkommen Befreite in diesem erleuchteten Bewusstsein von wundervoller Klarheit. Er lebt sein Leben in völliger Freiheit und Übereinstimmung mit dem Ganzen. Die Zen-Meister und Taoisten nennen dies: ›Mitfließen mit dem Tao‹.

Zen-Meister Mi-an (12. Jh.) gibt uns eine sehr eindrucksvolle Beschreibung dieser wunderbaren Geistesverfassung: »Hast du das erreicht, so bist du wie der Drache über den Wolken, wie der Tiger in den Bergen. Überall bist du klar und in Ruhe. Überall bist du frei zu kommen und zu gehen, wie es dir gefällt. Du kannst nun den Wind entfesseln und das Gras erzittern lassen. Du haftest nicht an Taten und sitzt auch nicht tatenlos herum.«

Wenn der Erwachte handelt, dann verweilt er dabei im Nicht-Tun und seine Tat ist die wunderbare Tat Buddhas. In der absichtslosen Geistesverfassung des heiter-gelassenen Widerspiegelns des Geistes schaut er auf den Wandel aller Dinge und betrachtet das wechselnde Entstehen und Vergehen allen Lebens in der Welt, ohne einzugreifen.

Der Fluss fließt, wie er fließt, die roten Blumen sind von selber rot.

Von dem Moment an, wo sich dir im Augenblick der Erleuchtung das Auge der Weisheit geöffnet hat, befindest du dich im ›Sukhavati-Paradies‹ des grenzenlosen Lichtes. Der chinesische Zen-Meister Yüan-wu (12. Jh.) gibt uns eine sehr eindrucksvolle Beschreibung dieses wunderbaren Bewusstseinszustandes:

> Von allen Begrenzungen befreit, bist du vollkommen geöffnet, licht und durchscheinend geworden. Du gewinnst die erleuchtende Schau in die wahre Natur aller Dinge, die dir jetzt erscheinen wie eine Ansammlung von herrlich leuchtenden Märchenblumen ohne greifbare Wirklichkeit. Hier offenbart sich dir unverhüllt dein wahres Selbst, das ursprüngliche Antlitz deines wahren Wesens.
> Hier zeigt sich dir die herrliche Landschaft deiner eigentlichen Heimat und du befindest dich im ›Sukhavati-Paradies‹ des grenzenlosen Lichtes.

Dieses Paradies darf man jedoch nicht als eine jenseitige, raum-zeitliche Seinsweise verstehen, sondern als eine reine Bewusstseinsdimension. Denn wo soll das Paradies auch schon sein? Raum ist Illusion – Zeit ist Illusion. Das Paradies kann demzufolge nirgendwo anders sein als genau da, wo du ›jetzt-hier‹ bist.

Sobald du die universelle Leerheit von allem erkennst, fügt sich alles von selbst und du durchdringst spontan alle Dinge. Diese Leerheit umfasst das ganze Universum und alles darüber hinaus und enthält in sich alles Seiende, als die alles erfüllende Fülle des göttlichen Nichts.

In allem offenbart sich dir die Wirklichkeit. Himmel, Sonne, Mond und Sterne, die Berge und die Flüsse sind eine Offenbarung der alles erfüllenden Herrlichkeit des göttlichen Seins. Alles ist erfüllt von der Fülle des Tao und ist das Tao. Deshalb ruft uns der chinesische Zen-Meister Chih-chang (9. Jh.) zu:

> Seht: Ein höchst verheißungsvolles Licht von größter Helligkeit leuchtet im ganzen Kosmos. Es macht alles zugleich sichtbar – alle Länder, alle Ozeane, alle Berge, alle Sonnen und Monde, alle Himmel und alle Welten, von denen es jeweils hunderttausende Myriaden gibt. Ihr Mönche, seht ihr das Licht denn nicht?

In allem offenbart sich der harmonische Wandel des Tao. Es ist das schöpferische Urprinzip, das aus sich heraus in nie endender Fülle alle Dinge gebiert, erhält und wieder auflöst. Der zur strahlenden Herrlichkeit seines wahren Selbst Erwachte lebt im harmonischen Einklang mit dem Tao, denn er hat sich in seinem verwirklichten Bewusstsein von der eingrenzenden Betrachtungsweise eines verblendeten, dualistischen Bewusstseins für immer befreit. So sagt auch der chinesische Zen-Meister Ma-tsu (8. Jh.):

> Dem Grundlegenden zu folgen nennt man Erwachtsein, den Erscheinungen zu folgen nennt man Verblendetsein. Im unerleuchteten Zustand befindet man sich im Irrtum über sein eigenes Bewusstsein. Erleuchtet zu sein bedeutet, sein eigenes wahres Wesen zu erkennen.
> Einmal erleuchtet, bleibt man für immer erleuchtet und fällt nie mehr zurück in den Zustand der Verwirrung. So wie die Sonne, einmal aufgegangen, sich nicht mit der Dunkelheit vereinigt, so gibt es, wenn die strahlende Sonne der Weisheit erst einmal aufgegangen ist, niemals mehr einen Rückfall in die Dumpfheit der geistigen Verblendung.

Die großen alten Meister des Zen weisen immer wieder darauf hin, dass diese Erleuchtungserfahrung jedem möglich ist, der wirklich bereit ist, sich selbst und alle seine gewohnten Konzepte vollkommen loszulassen. Der chinesische Zen-Meister Shen-tsang (8. Jh.) beschreibt dies mit folgenden Worten:

> Einzigartig strahlt das wunderbare Licht deines wahren Seins, nicht zu fassen durch Worte und Buchstaben. Sobald du nur deine Wahnvorstellungen fallen lässt, ist die Buddhaschaft Wirklichkeit geworden.

In der Verwirklichung der vollendeten multidimensionalen Klarschau des Geistes hat sich der vollkommen Erleuchtete über jede Unterscheidung erhoben. Sowohl der Mensch als auch der Geist-Ochse sind vollkommen transzendiert und er lebt sein Leben in der grenzenlosen Freiheit des Seins.

Da er zum Ursprung gelangt ist, wird er nicht mehr von den flüchtigen Erscheinungen einer äußeren Erscheinungswelt getäuscht. Als der aus dem Kreislauf von Geburt und Tod vollkommen Befreite benötigt er auch keine weitere Zen-Praxis mehr. Sein hellklares, erleuchtetes Selbst-Gewahrsein hängt nicht von einer Übung wie dem Sitzen in Versenkung ab. Deshalb heißt es im Zen mit den Worten von Zen-Meister Ma-tsu:

> Nicht zu üben und nicht in Versenkung zu sitzen, das ist das reine wahre Zen aller Buddhas.

Das Bewusstsein des zur geburt- und todlosen Wirklichkeit seines wahren Seins Erwachten ist der verwirklichte Selbst-Geist. Es ist der Selbst-Geist, der die ganze Schöpfung als die Selbstoffenbarung des Einen Geistes erlebt, neben dem nichts anderes existiert. Er erlebt in der Stille innerer Abgeschiedenheit sein Einssein mit der allumfassenden Ganzheit des Seins und betrachtet im heiter-gelassenen Widerspiegeln des Geistes den natürlichen Wandel aller Dinge.

> *Blau fließen die Flüsse, die Gebirge sind grün. Er ruht in sich selbst und betrachtet den Wandel aller Dinge.*

Zen-Meister Mumon kleidet diese Geistesverfassung der erleuchteten Klarschau des Geistes in einen poetischen Vers:

> Im Frühling hunderte von Blumen.
> Im Herbst ein Vollmond.
> Im Sommer eine erfrischende Brise.
> Im Winter der Schnee.
> Befindest du dich in der erleuchteten Klarschau des Geistes, dann ist jede Jahreszeit eine gute Jahreszeit.

X.

Das Betreten des Marktes mit offenen Händen

Gedicht und Anmerkung von Kakuan

Mit entblößter Brust und nackten Füßen
mischt er sich unter die Menschen
auf dem Markt.
Mit zerlumpten, staubbedeckten Kleidern
lacht er breit über das ganze Gesicht.
Ohne das Bewirken von Wundern
bringt er verdorrte Bäume zum Erblühen.

Innerhalb seiner Pforte erkennt ihn selbst der weiseste Heilige nicht. Der Bereich seines Allerinnersten ist tief verborgen. Er geht seinen eigenen Weg – warum sollte er den Fußspuren der Patriarchen folgen?
Er kommt mit der Kürbisflasche herein auf den Markt und kehrt mit dem Wanderstab in seine Hütte zurück. Schankwirten und Fischhändlern weist er den Weg des Erwachens zu ihrem wahren Selbst.

Kommentar von Zensho

Mit entblößter Brust und nackten Füßen
mischt er sich unter die Menschen auf dem Markt.

›Mit entblößter Brust‹, das heißt: Er kommt mit einem offenen, schenkenden Herzen in die Welt des Alltags zurück. Er ist der vollkommen Erwachte, der von allem unabhängige Befreite, der sich von jeder Unterscheidung zwischen Nirvana und der alltäglichen Welt befreit hat. Das Profane und das Heilige sind für ihn vollkommen eins geworden, denn er erlebt jetzt alles Leben als die Wirklichkeit des Einen Geistes.

Dieses alleinheitliche Welterleben eines freien, vollkommen erleuchteten und verwirklichten Bewusstseins der nicht-unterscheidenden Weisheit ist jedoch für ein normales, dualistisches Bewusstsein nicht nachvollziehbar. Denn wie kann es möglich sein, dass auf einmal alles, selbst die gewöhnlichen Dinge des Alltags, die göttliche Wirklichkeit sein sollen? Wie kann das Gewöhnliche plötzlich das Außergewöhnliche sein, so dass Kieselsteine am Wegrand auf einmal zu leuchtenden Juwelen werden?

Doch die Herrlichkeit des göttlichen Seins ist keine unerreichbare, weit entfernte, jenseitige Dimension, denn sie ist jetzt hier, genau da, wo du gerade bist.

In diesem Augenblick, genau an diesem Ort, offenbart sich die Wahrheit des Zen. Gehe jetzt vollkommen auf in diesem Augenblick! Dies ist der direkte Zen-Weg des augenblicklichen Erfassens der Wirklichkeit, so wie sie ist. Denn da die absolute Wirklichkeit die allumfassende Ganzheit des Seins ist, umfasst sie den grenzenlosen Raum und die drei Zeiten Vergangenheit, Gegenwart und Zukunft in einem einzigen Jetzt.

Jetzt-hier fällt alles in einem Punkt zusammen. Mit den Worten des tantrischen Meisters Saraha (9. Jh.):

> Alles, was hier ist, ist auch anderswo, und was hier nicht ist, ist nirgendwo.

Hat sich dir im Erleben der unmittelbaren Gegenwart des Jetzt durch dein Erwachen aus dem Traum von Geburt und Tod dein Auge der Weisheit geöffnet, dann werden Kieselsteine wirklich zu leuchtenden Juwelen. Dann hat sich das ganze Sein für dich gewandelt, denn dein Bewusstsein ist jetzt das der erleuchteten Klarschau des Geistes.

Du erlebst stets nichts anderes als die Welt, die deinem Bewusstseinszustand entspricht. Denn die Welt, die du erlebst, ist ein Spiegelbild deiner eigenen Projektionen. Du erschaffst dir deine eigene Welt. Das heißt: Ist dein Bewusstsein das der dualistischen Sichtweise der geistigen Verblendung, dann erlebst du die dualistische Welt von Annehmen und Verwerfen. Dann lebst du in einer Welt von Gier, Hass und Verblendung und bist gefangen in deinen eigenen Projektionen.

Zen-Meister Huang-po beschreibt diese Situation mit folgenden Worten:

> Dieser reine Geist, die Quelle von allem, scheint für immer und auf alle mit dem Glanz seiner eigenen Vollendung. Aber die Menschen in der Welt werden dessen nicht gewahr, da sie nur das für Geist halten, was sieht, hört, fühlt und weiß. Durch ihr eigenes Sehen, Hören, Fühlen und Wissen geblendet, erkennen sie nicht die geistige Herrlichkeit der Quellsubstanz.
>
> Doch würden sie endlich alles begriffliche Denken in einem Augenblick abwerfen, dann würde sich diese Quellsubstanz manifestieren wie die Sonne, die in der Leere aufsteigt und das ganze Weltall ohne Hindernis oder Schranken erleuchtet.

Bist du jedoch aus dem Traum von Geburt und Tod erwacht, dann befindest du dich in der erleuchteten Welt der allumfassenden Ganzheit des Seins und erfährst alles als den Einen Geist, neben dem nichts anderes existiert. In dieser vollkommenen Verwirklichung nach der

Erleuchtungserfahrung, bei der du dich über jede Unterscheidung erhoben hast, verwandelt sich die ganze Welt für dich in die Offenbarung der transzendenten Weisheit, und du erlebst alles weltlich Seiende ausnahmslos als die zeitlose Wirklichkeit des Einen Geistes.

Zen-Meister Lin-chi gibt uns eine gute Beschreibung eines verwirklichten Weisen: »Er durchdringt den ganzen Kosmos und bewegt sich frei und ungehindert in der Welt. Wo er auch wandelt, überall im Lande rettet er die Wesen.« Mit den Worten von Lao-tse, dem großen Altvater des Taoismus:

> Der Weise hat kein verschlossenes Herz,
> die Herzen der Menschen sind ihm sein eigenes
> Herz. Der Weise lebt still inmitten der Welt,
> sein Herz ist ein offener Raum.
> Die Menschen schauen und hören ihn,
> und er sieht in allen seine Kinder.

Durch sein Erleben des absoluten Einsseins mit allem Seienden ist er zugleich vom allumfassenden Mitgefühl für alle Wesen erfüllt. In seiner unendlichen Barmherzigkeit begibt er sich deshalb in die alltägliche Welt.

> **Mit zerlumpten, staubbedeckten Kleidern**
> **lacht er breit über das ganze Gesicht.**

In seinem Erfülltsein von der dynamischen Wirkkraft seines inneren Erlebens der Wesensgleichheit reicht er allen Menschen die rettende Hand, um sie von ihrem Gebundensein an den Kreislauf von Geburt und Tod und dem damit verbundenen Leiden zu befreien.

Die Verkörperung dieses Ideals des der Welt zugewandten Erleuchteten wird im Zen-Buddhismus als ›Hotei, der lachende Buddha‹ bezeichnet. Als Sinnbild eines vollkommen Befreiten wird er als Inkarnation von Maitreya, dem Buddha der allumfassenden Liebe, angesehen.

Hotei wird in der Zen-Kunst meistens dargestellt als ein kleiner, kahlköpfiger, dickbauchiger Mann mit einem großen Sack über der Schulter und einem strahlenden, breiten Lachen über das ganze Gesicht.

Er steht im Zen für den vollkommen Erleuchteten, der alle Begrenzungen gesprengt und die Welt überstiegen hat. Er lebt das freie Leben eines Zen-Clochards, ungebunden und unabhängig. Wie der Wind in den Bäumen und der Mond im Wasser lebt er sein Leben in absoluter Freiheit und Harmonie mit der allumfassenden Ganzheit des Seins.

Er geht seinen eigenen Weg – warum sollte er den Fußspuren der Patriarchen folgen?

In seiner vollkommenen Verwirklichung der großen Erleuchtung, im Zen ›Daigo-Tettei‹, dem großen Satori, das bis zum tiefsten Grund reicht, hat sich der Erwachte über jede Abhängigkeit von allen Patriarchen, das heißt: von Buddha und allen anderen erleuchteten Meistern erhoben. So ist er, genau wie sie auch, den Großen Tod, ›Dai-chi‹, gestorben und wie sie zum neuen, wahren Leben erwacht. Warum sollte er dann noch ihren Fußspuren folgen?

Als der wahrhaft Erleuchtete und somit vollkommen Befreite ist er selbst zu einem Buddha geworden und geht, von allem unabhängig, seinen eigenen Weg.

Er kommt mit der Kürbisflasche herein auf den Markt
und kehrt mit dem Wanderstab in seine Hütte zurück.

Dieses ›Hereinkommen und wieder Zurückkehren‹ des zu seinem wahren Sein Erwachten zeugt von der großen Freiheit seines Tuns, das seiner vollkommenen Verwirklichung und seiner unendlichen Barmherzigkeit entspringt. Da er sich über jede Unterscheidung von profaner Außenwelt und mystischer Innerlichkeit erhoben hat, ist für ihn jetzt alles vollkommen eins geworden. Mit den Worten von Zen-Meister Lin-chi: »Unterwegs ist er nicht von seinem Haus entfernt. Von seinem Haus entfernt ist er nicht unterwegs.«

Als der vollkommen Befreite befindet er sich in der absoluten Einheit mit dem, was jenseits der Welt ist, und steht im harmonischen Einklang mit den Erfordernissen der diesseitigen Welt. So schreitet er dahin im strahlenden Licht des erleuchteten Selbst-Geistes, mitten im Wandel der Welt. Sein Bewusstsein ist der erleuchtete, hellklare Zustand des Geistes, in dem nur die Unmittelbarkeit des gegenwärtigen Augenblicks existiert und sonst nichts.

Als der wahre Mensch des Zen lebt er, in der Verwirklichung von Allverbundenheit und Wesensgleichheit, jenseits aller Unterscheidung die Wahrheit des Zen mitten im Alltag der Welt. Sein erwachter Geist ist vollkommen frei, und er lebt völlig unabhängig und kommt und geht, so wie es ihm gefällt. Er tut dieses und jenes, er kann es aber auch sofort wieder sein lassen und etwas ganz anderes machen. Er wandelt mitten in der Welt der Erscheinungen in vollkommener Freiheit.

Er erlebt, indem er sich ganz auf die Dinge einlässt, mitten in der Welt der Erscheinungen die allumfassende Ganzheit des Seins, und jede Tat in seinem täglichen Leben leuchtet im Lichte des Geist-Ochsen.

Innerhalb seiner Pforte erkennt ihn selbst der weiseste Heilige nicht. Der Bereich seines Allerinnersten ist tief verborgen.

Selbst die als heilig angesehenen Weisen und tausend Augen können sein Allerinnerstes nicht durchschauen. Es sei denn, er begegnet einem ebenfalls vollkommen Erleuchteten, einem Buddha. Der Erwachte erscheint äußerlich ohne besondere Merkmale, so dass man nichts Heiliges, nichts Außergewöhnliches an ihm erkennen kann.

Doch in seinem allerinnersten Seinsgrund birgt er das leuchtende Juwel des tiefsten Geheimnisses als aller Geheimnisse Pforte. Denn er erlebt sich als die alleinseiende Wirklichkeit und die eigentliche Grundlage aller Schöpfung und somit als den Urgrund allen Seins.

Schankwirten und Fischhändlern weist er den Weg des Erwachens zu ihrem wahren Selbst.

In seinem allumfassenden Bewusstsein, der Wesensgleichheit mit allen Wesen, wandelt er heiter und gelassen mitten im Trubel der Welt, um ihnen den Weg zu ihrem verlorenen Geist-Ochsen zu weisen.

Denn allen wirklich erleuchteten Meistern war es schon seit jeher das wichtigste Anliegen, den Menschen zur Erfahrung ihres geburt- und todlosen wahren Selbst zu verhelfen. Doch die Art und Weise, wie sie den Menschen die Wahrheit offenbaren, ist dabei sehr unterschiedlich. Der vollkommen Erleuchtete, den Kakuan im zehnten Ochenbild hier beschreibt, ist der vollkommen Befreite, der sich über alle Regeln und ehrwürdige Normen eines religiösen Bewusstseins erhoben hat.

Da es für ihn in seinem verwirklichten Bewusstsein der nicht-unterscheidenden Klarschau keinen Unterschied zwischen heilig und gewöhnlich gibt, sind für ihn ein Tempel und die Weinkneipe gleichwertig. Wo er sich auch befinden mag, befindet er sich in der grenzenlosen, alles erfüllenden Fülle des göttlichen Seins.

Ohne das Bewirken von Wundern
bringt er verdorrte Bäume zum Erblühen.

Ohne das äußere Zurschaustellen von Wundern bewirkt er das größte Wunder aller Wunder, indem er die ›geistig Toten‹ zum Leben erweckt.

Als der vollkommen Befreite hält er ›das flammende Schwert der nicht-unterscheidenden Weisheit‹ in der Hand, mit dem er die verdorrten Bäume zum Erblühen bringt. Es ist, in der Sprache des Zen: »Das Schwert, das tötet und Leben schenkt«.

Ein einziger Hieb mit dem scharfen Schwert der nicht-unterscheidenden Weisheit, und deine ganzen Wahnvorstellungen des begrifflichen, unterscheidenden Denkens lösen sich auf. Ein einziger Hieb, und die Fesseln deiner Anhaftung an das Erinnerungsgeflecht deiner toten Vergangenheit fallen auseinander. Ein Hieb, und die unendliche Weite des Einen Geistes strahlt auf. So sagt auch Zen-Meister Fo-yan (12. Jh.):

> Die Kraft des Nicht-Denkens ist wie die Glut der alles verzehrenden Flamme oder der blitzschnelle Hieb eines scharfen Schwertes.
> Wenn der Geist frei von Gedanken ist, ist zugleich das Löwengebrüll erreicht.
> Jede weitere Beschreibung würde mindere Geister nur in Angst und Verwirrung versetzen.

Mit den äußerst kraftvollen Worten des chinesischen Zen-Meisters Shih-tou (8. Jh.):

> Wo das Schwert der Weisheit herniedersaust, verlieren Sonne und Mond ihr Leuchten, und Himmel und Erde verlieren ihre Farbe. Durch diese Erfahrung platzen die Wänste der Teufel, und es öffnet sich dir das Auge der transzendenten Weisheit.

Ein einziger Augenblick genügt, und alles ist verwandelt. Eine geistige Explosion, die die Welt in ihren Grundfesten erschüttert, und alles löst sich auf. Es ist das Verschwinden aller Erfahrungen von Körper, Geist und Welt. Allein dein wahres Selbst, hell strahlend in sich selbst, bleibt – ohne ein Objekt der Wahrnehmung. Du erlebst dein wahres Angesicht vor deiner Geburt, die aus sich selbst seiende Wirklichkeit, neben der nichts anderes existiert. Dein Auge der Erleuchtung ist mit einem Nu geöffnet, und du siehst zum ersten Mal die Wirklichkeit, so wie sie ist.

Das kleine Ich ist vollkommen zunichte geworden. Es ist das große Satori, das Erlebnis der grundlegenden Leere. Es ist die Erfahrung der grenzenlosen Weite des Geistes, bei der du dein eigenes Sein und den ganzen Kosmos als ein einziges Sein erlebst.

In dieser großen Befreiung von den Ketten deiner selbstgezeugten Begrenzungen schwinden die dunklen Wolken deiner geistigen Verblendung. Der Geist erstrahlt wie der klare Himmel in grenzenloser Weite und Leere, und nichts vermag ihn mehr zu verdunkeln.

Auch wenn die Wolken den leuchtenden Mond verdecken, der Mond ist immer da, ebenso wie der hell strahlende Selbst-Geist. Er ist stets gegenwärtig, wenn auch verborgen hinter den dunklen Wolken des unterscheidenden, begrifflichen Denkens. Hierzu die folgende Begebenheit:

> Der chinesische Zen-Meister Yün-chu (9. Jh.) sagte zu einem Mönch: »Der Selbst-Geist ist

> Buddha.« Der Mönch erwiderte: »Ich kann das leider nicht erkennen. Darf ich euch deshalb bitten, mir weiterzuhelfen?«
> Der Meister antwortete: »Um dir weiterzuhelfen, nennen wir den Selbst-Geist Buddha. Richte dein Bewusstsein nach innen und sieh selbst, was dieser Selbst-Geist ist.«

Die Wirklichkeit unseres ursprünglichen, wahren Seins liegt in uns selbst. Es gibt nichts zu erreichen und nichts zu verändern. Unser wahres Selbst ist schon jetzt absolut vollkommen und ist es immer gewesen.

In der hell strahlenden Erfahrung, dass der eigene Geist Buddha ist, und als unser ursprüngliches wahres Wesen weder mit der Geburt begann noch mit dem Tod vergehen wird, offenbart sich die tiefe Wahrheit des Zen.

Glossar

Adi-Buddha, Samantabhadra, Skrt., Ur-Buddha, die absolute Wirklichkeit als das höchste Wesen in der tibetisch-buddhistischen Kosmologie. Er gilt als die Personifikation der reinen →Shunyata.
Sein →Mantra ist: OM AH HUM, das den Körper, die Rede und den Geist aller Buddhas darstellt.

Amida, jap. für →Amitabha (Skrt.)

Amitabha, Skrt., ›Grenzenloses Licht‹, jap. ›Amida‹. Einer der wichtigsten Buddhas im →Mahayana-Buddhismus. Amitabha ist der Buddha des ›westlichen Paradieses‹ →Sukhavati, das keinen bestimmten Ort, sondern einen Bewusstseinszustand grenzenlosen Lichtes von Liebe und Erkenntnis meint.

Anfänger-Geist →Shoshin

Anitya, Skrt., wörtl.: ›Unbeständigkeit, Vergänglichkeit‹. Im Buddhismus eines der drei Merkmale alles bedingt Entstandenen und somit alles Seienden. Alles, was entstanden ist, dauert eine Weile an und zerfällt dann wieder, es entsteht, besteht und vergeht. Unbeständigkeit ist das

Grundgesetz des ganzen Daseins. Aus ihm leiten sich die beiden weiteren Daseinsmerkmale ab: ›Nicht-Wesenhaftigkeit (Anatman)‹ und ›Leidhaftigkeit (Duhkha)‹.

Avalokiteshvara, Skrt., ›der Herr, der auf alles herabschaut oder der die Rufe der Welt erhört‹. Er ist der →Bodhisattva des Mitgefühls und verkörpert das allumfassende Mitgefühl (→Karuna) mit allen leidenden Wesen. Er trägt auch den Beinamen ›Mahakaruna‹, das große Erbarmen, einer der wesentlichen Aspekte eines Buddha. Der andere wesentliche Aspekt eines Buddha ist Weisheit (→Prajna) – in besonderer Weise von dem Bodhisattva →Manjushri verkörpert.
Avalokiteshvaras grenzenloses Erbarmen zeigt sich in seiner ständigen Bereitschaft, allen Wesen, die sich in ihrer Not an ihn wenden, zu helfen. Avalokiteshvara wird in Tibet als Chenresi verehrt, in China als →Kuan-yin und in Japan als →Kannon (auch Kwannon oder Kanzeon).

Avatamsaka-Sutra, Skrt.→Hua-yen

Avidya, Skrt., wörtl.: ›Nichtwissen, Nichterkenntnis‹. Avidya gilt als die Grundursache für das Gebundensein an den →Samsara – den Kreislauf von Geburt und Tod. Das Nichtwissen ist die Wurzel allen Leidens, denn es ist jene Geistesverfassung, die mit der Wirklichkeit nicht übereinstimmt. Im →Mahayana-Buddhismus wird Avidya als die Nichterkenntnis der Leere (→Shunyata) aller Dinge bezeichnet. Die Nichterkenntnis der trügerischen Natur aller Erscheinungen ist somit die eigentliche Ursache allen Leidens.

Bardo, tibet., wörtl.: ›Zwischenzustand‹, bezieht sich auf den Zwischenzustand zwischen Tod und Wiedergeburt. Die buddhistische Lehre betont sehr stark die richtungsbestimmende Kraft des Geisteszustandes eines Sterbenden (das heißt tugendhaft, nicht tugendhaft oder neutral) und auch die negativen Einflüsse von Gier, Hass und Verblendung während des Bardo selbst.

Bi-yän-lu, chin., wörtl.: ›Niederschrift von der smaragdenen Felswand‹, jap. Hekigan-roku. Die wichtigste Koan-Sammlung des Zen-Buddhismus (→Zen) neben dem →Mumonkan. Sie wurde im zwölften Jahrhundert von dem chinesischen Zen-Meister Yuän-wu, einem der bedeutendsten Meister in der Geschichte des Zen, herausgegeben. Es handelt sich hierbei um eine Sammlung von 100 →Koans, die, mit zusätzlichen Texten versehen, zu den Höhepunkten der gesamten Zen-Literatur gehören.

Bodhi, Skrt., wörtl.: ›Erwachen, Erleuchtung‹. →Satori

Bodhichitta, Skrt., >Erleuchtungsgeist<, das Bestreben, Erleuchtung zum Wohl aller Wesen zu erlangen, um sie aus dem Leid zu befreien. Auch der direkte Ausdruck des erwachten Geistes selbst.

Bodhidharma, Skrt., (jap. Daruma, chin. Ta-mo). Der 28. Patriarch nach →Buddha Shakyamuni in Indien und der erste chinesische Patriarch des →Zen. Da er aus dem für Chinesen westlich gelegenen Indien kam, wurde er auch >der Barbar aus dem Westen< genannt. Bodhidharma ist eine geheimnisumwitterte Gestalt des Zen, und es sind sehr wenige Einzelheiten über ihn bekannt. Er ist das Symbol einiger Zen-Merkmale und Gegenstand der in den →Mondos immer wiederkehrenden Frage: »Was ist der Sinn dessen, dass Bodhidharma aus dem Westen gekommen ist?« Die Frage heißt so viel wie: Was ist die höchste Wahrheit? Was ist mein wahres Sein?

Bodhisattva, Skrt., wörtl.: >Erleuchtungswesen<. Ein Mensch, der nach dem Erreichen der Erleuchtung (→Satori) sein Leben in den Dienst anderer Menschen stellt, um ihnen zur Befreiung zu verhelfen. Die Bezeichnung Bodhisattva wird auch oft für einen zukünftigen →Buddha angewandt.

Buddha, Skrt., wörtl.: >der Erwachte<. 1. Der historische

Buddha Shakyamuni, der ca. 563 v. Chr. in Indien geboren wurde. 2. Ein Mensch, der die zur Befreiung aus dem Kreislauf von Geburt und Tod (→Samsara) führende vollkommene Erleuchtung (→Satori) verwirklicht hat. 3. Die letzte Wahrheit, das wahre Wesen allen Seins.

Buddha-Dharma, Skrt. (jap. Buppo), das ›Buddha-Gesetz‹. Die Lehre des historischen Buddha Shakyamuni. Im →Zen bezeichnet Buddha-Dharma jedoch nicht die Lehre, die durch Worte vermittelt werden kann, sondern die dem unterscheidenden, begrifflichen Denken unzugängliche höchste Wahrheit. Es ist jene essenzielle Wahrheit, die zu Buddhas Lehre führte und die nur in einem unmittelbaren Begreifen, in der Erleuchtungserfahrung (→Satori), erfasst werden kann.

Buddha-Natur, Skrt., ›Buddhata‹, die wahre Natur aller Wesen. Sie ermöglicht dem Menschen, Erleuchtung (→Satori) zu erlangen.

Chan, chin. für →Zen (jap.)

Daigo-Tettei, jap., wörtl.: ›Großes →Satori, das bis zum Boden reicht‹. Höchste vollkommene Erleuchtung. Eines seiner wesentlichen Merkmale ist das Erleben der leeren Weite und die Aufhebung aller Gegensätzlichkeit mit dem Zunichtewerden des kleinen Ichs. Weiterhin das Erlebnis, dass das ganze Universum und der Selbst-Geist vollkommen identisch sind.

Daseinsfaktoren →Skandha

Dharma, Skrt., ein Begriff mit unterschiedlicher Bedeutung. Die Lehren des →Buddha. Die universelle Ordnung und ihre Gesetzmäßigkeit. In diesem Buch hauptsächlich im Sinne der Lehre des →Zen gebraucht.

Dharmakaya, Skrt., ›Körper der großen Ordnung‹. Das unbeschreibbare wahre Wesen der →Buddhas, zugleich das Wesen des Universums.

Erleuchtung →Satori, →Bodhi

Erleuchtungsgeist →Bodhichitta

Großer Tod →Satori

Hara, jap., wörtl.: ›Bauch, Unterleib‹. Dieser im →Zen gebräuchliche Begriff bezeichnet den etwa drei Fingerbreit unterhalb des Bauchnabels befindlichen Bereich als die Mitte allen Seins. Es ist die Mitte des Menschen und zugleich der Mittelpunkt des Universums. Durch die

Praxis des →Zazen und die richtige Atmung entsteht in diesem Zentrum große Energie und Kraft. Als das Zentrum der Energie ist Hara im Zen der Ausgangspunkt aller Aktivität (etwa im Sinne von ›aus dem Bauch handeln‹, aber im Zen doch noch viel weiter gehend).

Hinayana, Skrt., ›kleines Fahrzeug‹. Älteste Schule der beiden Hauptrichtungen des Buddhismus. Die ursprünglich abfällige Bezeichnung ›kleines Fahrzeug‹ stammt von den Vertretern des späteren →Mahayana-Buddhismus.
Das Bestreben der Hinayana-Buddhisten ist vorwiegend auf die Erlangung der eigenen Befreiung aus dem →Samsara, dem Kreislauf von Geburt und Tod, ausgerichtet. Der Befreiung anderer Wesen aus dem Leidensmeer des Samsara wird dabei wenig Beachtung geschenkt. In dem Rettungsboot des kleinen Fahrzeugs ist nur Platz für eine Person. Das Hinayana wird als die erste, niedere Stufe von Buddhas Lehre angesehen. Erst später offenbarte →Buddha die vollkommene Lehre des Mahayana.

Hishiryo, jap., wörtl.: ›das dem Denken Unermessliche‹. Zen-Ausdruck für die →Erleuchtung, die sich jedem gedanklichen, begrifflichen Verstehen entzieht und somit das Denken übersteigt.

Ho!, chin. Dieser kraftvolle, laute Schrei dient Zen-Meistern oft als schockartiges Ausdrucksmittel, um das fixierte, unterscheidende Denken des Schülers zu sprengen.

Hua-yen, chin., (jap. Kegon, Skrt. Avatamsaka), wörtl.: ›Blumenschmuck‹ oder ›Girlande‹; ursprünglich der Name eines umfangreichen →Mahayana-Textes. Das Hua-yen wird von vielen chinesischen und japanischen Buddhisten als die Krone aller buddhistischen Lehren und als die Vollendung buddhistischen Denkens und Erkennens betrachtet.
Hua-yen ist die Lehre des ganzheitlichen Seins und zugleich eine Synthese aller wesentlichen Gedanken des Mahayana. Im Hua-yen wird der universelle Eine Geist mit einer grenzenlosen Meeresoberfläche verglichen, in der alle Dinge und Ereignisse in einem gegenseitigen Durchdringen ein allumfassendes Ganzes sind, das alles in sich beschlossen hält.
Alles befindet sich in vollkommener Harmonie miteinander, denn alles ist die Manifestation des einen Prinzips – ähnlich den Wellen auf dem Meer. Alles im Universum, ob belebt oder unbelebt, ist somit der Eine Geist, neben dem nichts anderes existiert.

Ishin-Denshin, jap., wörtl.: ›den Geist durch den Geist

übermitteln‹. Ein wesentlicher Begriff des →Zen, oft auch übersetzt mit ›Übertragung von Herz-Geist zu Herz-Geist‹. Der Begriff stammt aus dem Plattform-Sutra des sechsten Patriarchen Hui-neng. In diesem →Sutra erklärt Hui-neng, dass die Wahrheit des Zen nur durch eigene Erfahrung in einem unmittelbaren Verstehen der wahren Natur möglich ist.
Gelehrsamkeit durch Buchwissen ist wertlos – daher auch das Zerreißen der Sutras bei Hui-neng. Zen-Meister Huang-po sagt: »Es gibt kein Verständnis durch Worte, sondern nur eine Übertragung von Geist zu Geist.«

Joriki, jap. Die durch Zen-Meditation (→Zazen) erworbene Kraft der Konzentration.

Kannon, Kanzeon oder auch Kwannon, jap. für den →Bodhisattva →Avalokiteshvara.

Karma, Skrt., wörtl.: ›Handlung oder Tat‹. Das Gesetz von Ursache und Wirkung, nach dem alle Gedanken und Handlungen eine entsprechende Wirkung nach sich ziehen. Hierdurch bestimmen wir die Qualität unseres eigenen Lebens und beeinflussen das Leben anderer.

Karuna, Skrt., wörtl.: ›Mitgefühl‹, allumfassendes Mitgefühl. Eine der beiden großen Haupttugenden im →Mahayana-Buddhismus; die andere ist →Prajna. (→Avalokiteshvara)

Kensho, jap., Selbst-Wesensschau. →Satori

Koan, jap., wörtl.: ›öffentlicher Aushang‹ (chin. Kung-an). Im →Zen die Bezeichnung für eine paradoxe Aussage eines Zen-Meisters, die auf die letztendliche Wahrheit verweist. Ein Koan soll dem Schüler des Zen dazu verhelfen, das unterscheidende, dualistische Denken zu überwinden, um die Wahrheit jenseits allen Denkens zu erfahren.
Koans spielen eine wichtige Rolle in der Zen-Schulung. Ein Koan enthält eine Frage, auf die es für den Verstand keine Antwort gibt. Um es zu lösen, bedarf es einer höheren Intuition (→Prajna). Ein Koan ist jedoch alles andere als ein Rätsel, da es an den Schüler die Anforderung stellt, jegliches Sich-Stützen auf eine normale Weise des Verstehens aufzugeben. Die Antwort liegt außerhalb der Logik und soll dem Schüler zum Durchbruch, zur erleuchteten Klarschau des Geistes (→Satori) verhelfen.

Kreislauf von Geburt und Tod →Samsara

Kuan-yin, chin. für →Avalokiteshvara

Leere, Leerheit →Shunyata

Lin-chi-Tsung →Rinzai Schule

Mahayana, Skrt., wörtl.: ›Großes Fahrzeug‹, im Gegensatz zur früheren orthodoxen Schulrichtung des →Hinayana. Der Mahayana-Buddhismus misst dem allumfassenden Mitgefühl (→Karuna) und dem Wunsch, allen Wesen zur Befreiung zu verhelfen, eine größere Bedeutung zu als der Enthaltsamkeit. Das Mahayana bezieht auch die helfende Kraft der →Buddhas und →Bodhisattvas mit ein.

Mahayana-Buddhismus, Mahayana-Lehre →Mahayana

Maitri, Skrt., wörtl.: ›Güte und Erbarmen‹. Eine der großen Haupttugenden im Buddhismus. Es ist die von allen Identifikationen und Anhaftungen freie, großzügige Güte gegenüber allen Wesen.

Maitreya, Skrt. (jap. Miroku), wörtl.: ›Der All-Liebende‹. Einer der fünf irdischen→Buddhas, die Verkörperung der allumfassenden Liebe. Als letzter irdischer Buddha wird dieser sich zurzeit im Tushita-Himmel aufhaltende Buddha von den Mahayana-Buddhisten als kommender Weltenlehrer in etwa dreißigtausend Jahren erwartet.

Maitri-Karuna, wörtl.: ›Güte und Mitgefühl‹. Grundlegende Geisteshaltung eines →Bodhisattva, die in seinem Wunsch, alle Wesen zur Befreiung zu führen, zum Ausdruck kommt.

Makyo, jap., ›teuflische Phänomene‹, trügerische, ablenkende Erscheinungen und Empfindungen, die bei der Zen-Meditation (→Zazen) auftreten können. Makyos können in sehr unterschiedlicher Weise auftreten; als schöne Klänge, Gerüche, Gesichter, prophetische Visionen, manchmal auch als Levitation. Makyos sind jedoch durchaus harmlos, solange der Zazen-Praktizierende ihnen keine Beachtung schenkt und in seiner Übung unbeirrt fortfährt.

Manjushri, Skrt. (jap. Monju), wörtl.: ›Der edel und sanft ist‹. Einer der bedeutendsten →Bodhisattvas im →Mahayana-Buddhismus. Manjushri ist die Verkörperung der Weisheit.
Er wird meistens mit seinem Schwert der Weisheit beim Durchschlagen der Unwissenheit dargestellt. Seine tantrische, zornvolle Erscheinung ist die des stierköpfigen →Yamantaka, des Bezwingers des Todes.

Mantra, Skrt., eine mit spiritueller Kraft geladene Silbe oder eine Reihe von Silben, die der Praktizierende verbal oder im Geist rezitiert. Die ständige Wiederholung eines Mantras führt über die Läuterung des Denkens zur Verwirklichung des wahren Wesens. Ein Mantra ist jedoch nur dann mit transformierender Macht ausgestattet, wenn man es persönlich – direkt vom Meister – erhalten hat.

Mara, Skrt., Pali, wörtl.: ›Mörder, Zerstörer (des Lebens)‹. Mara ist die Verkörperung der Hindernisse auf dem Weg zur Befreiung. Als der Versucher und die Erscheinungsweise des Unheilsamen kann man ihn mit dem christlichen Teufel, dem ›Vater der Lüge‹, vergleichen. Als Maras Gehilfinnen gelten seine drei Töchter: Rati, die Lust, Avati, die Unzufriedenheit, und Tanha, die Gier. Außerdem steht Mara ein ganzes Heer von Dämonen zur Seite.

Maya, Skrt., wörtl.: ›Illusion, Schein, Täuschung‹. Der →Mahayana-Buddhismus bezeichnet Maya als eine Täuschung oder Illusion, so wie ein von einer Fata Morgana erzeugtes Trugbild. Die einzelnen Dinge sind bedingt und haben keine Existenz aus sich selbst, sie sind letztlich leer (→Shunyata) und reine Vorstellung.

Ming-Dynastie, chinesische Zeitepoche, 1368-1644

Mondo, jap., ›Frage-Antwort‹ (chin. ›Wen-ta‹), ein Zwiegespräch zwischen Zen-Meister und Schüler, oft aber auch nur zwischen Meistern. Auf eine die buddhistische Wahrheit oder ein existentielles Problem betreffende Frage erhält der Schüler meistens eine paradoxe Antwort (→Koan), die sich vom Verstand nicht einordnen lässt. Die Absicht, die dahinter liegt, ist, die Schranken des unterscheidenden, begrifflichen Denkens zu sprengen, so dass der Schüler eine Antwort aus seinem innersten Herz-Geist erhalten kann.

Ein sehr bekanntes Mondo ist: Ein Zen-Mönch fragte Zen-Meister Joshu: »Was ist der Sinn dessen, dass der erste Patriarch aus dem Westen gekommen ist?« Joshu sagte: »Die Zypresse im Hof.«

Mu, jap. (chin. Wu), wörtl.: ›Nichts, Nicht-Sein, ist nicht, hat nicht, un-, kein‹. Einer der zentralen Begriffe des →Zen und des →Taoismus. Er bezeichnet das vollkommene Freisein von allen Identifikationen und Anhaftungen und steht auch für die Verwirklichung der Leere (→Shunyata). In der bekannten Koan-Sammlung des →Mumonkan begegnen wir dem ›Mu‹ im ersten Beispiel ›Joshus Hund‹, im Zen wird es auch ›das →Koan Mu‹ genannt: Ein Mönch fragte Meister Joshu ehrerbietig: »Hat ein Hund die Buddha-Natur oder nicht?« Joshu antwortete: »Mu«.

Joshus Antwort lautet ganz einfach ›Nichts‹ – das soll jedoch nicht heißen, dass ein Hund die →Buddha-Natur nicht habe. Joshu wusste natürlich genauso gut wie der Mönch, dass alle Wesen, ohne Ausnahme, die Buddha-Natur haben, deshalb dürfen wir Joshus ›MU‹ keinesfalls als Verneinung auffassen.

Es ging ihm nur darum, den Mönch davon abzubringen, durch rationales Denken die Wahrheit des Zen verstehen zu wollen.

Mumonkan, jap., wörtl.: ›Die torlose Schranke‹. Neben dem →Bi-yän-lu die bedeutendste Koan-Sammlung des Zen-Buddhismus (→Zen). Es enthält eine Sammlung von 48 →Koans, zusammengestellt und mit kurzen Zen-Darlegungen versehen von Zen-Meister Mumon (13. Jh.).

Munen, jap. (chin. Wu-nien); ›Nicht-Denken, Nicht-Bewusstsein‹. Munen und →Mushin bilden zusammen einen der zentralen Gedanken des →Zen.

Mushin, jap. (chin. Wu-hsin); ›Nicht-Geist, Nicht-Bewusstsein, Abgeschiedenheit des Geistes‹. Eine vollkommen absichtslose, natürliche Geistesverfassung jenseits allen Denkens.

Mushin und → Munen (chin. Wu-nien) bilden zusammen einen der zentralen Gedanken des →Zen.

Mushin bedeutet im Zen nicht Unwissenheit oder geistige Stumpfheit. Es bedeutet vielmehr, dass der Geist so in sich gefestigt ist, dass er von äußeren Umständen, welcher Art auch immer, nicht beunruhigt wird. Es bedeutet, dass der Geist in jeder Situation klar und frei bleibt und bei nichts verweilt, noch nicht einmal beim Gedanken des Nicht-Denkens.

Mushotoku, jap., ›ohne Ziel und Streben nach Gewinn‹.

Nembutsu, jap. (chin. Nien-fo), Anrufung des Namens von →Buddha →Amitabha. Die wesentliche Meditationsform der buddhistischen Schule des Reinen Landes (→›Reines Land‹-Schule). Die rezitierte Anrufung lautet: ›Namu Amida Butsu‹ (jap. für ›Verehrung dem Buddha Amitabha‹). Das im vollkommenen Vertrauen und mit absoluter Hingabe rezitierte Nembutsu führt zur Wiedergeburt im →Sukhavati, dem westlichen Paradies des Buddha Amitabha.

Nicht-Geist → Mushin

Nirvana, Skrt., wörtl.: ›Verlöschen‹. Der Zustand vollkommener Befreiung (→Erleuchtung) im Gegensatz zu →Samsara, dem durch geistige Verblendung bedingten Gebundensein an den Kreislauf von Geburt und Tod.

Der Zen-Buddhismus (→Zen) sieht Nirvana nicht als getrennt von der Welt, sondern als einen Bewusstseinszustand, in dem der Mensch sein wahres Wesen verwirklicht und somit das Leiden überwindet.

Prajna, Skrt., wörtl.: ›Weisheit‹ (Pali: Panna, jap. Hannya). Im →Mahayana-Buddhismus ist Prajna die intuitiv erlebte Einsicht in die Leere (→Shunyata) aller Erscheinungsformen. Prajna ist eines der wesentlichen Kennzeichen der Buddhaschaft.

Pratitya-Samutpada, Skrt., wörtl. ›Entstehen in wechselseitiger Bedingtheit und Abhängigkeit‹. Die Lehre von der Kette des bedingten Entstehens ist die Grundlage aller buddhistischen Schulen. Ein tieferes Verständnis des Buddhismus hängt vom Begreifen dieser Lehre ab. Der Pratitya-Samutpada zeigt, dass alle Erscheinungen nur eine empirische Gültigkeit haben und letztlich ohne Wirklichkeit sind. Alle Erscheinungen stehen in einem kausalen bzw. konditionalen Abhängigkeitsverhältnis voneinander und zueinander. Etwas nicht Abhängiges, aus sich selbst Seiendes, lässt sich nicht auffinden.

Reines Land (chin. Ching-tu, jap. Jodo) →Sukhavati

›Reines Land‹-Schule →Amitabha

Rinzai-Schule, (chin. Lin-chi-tsung, jap. Rinzai-shu). Neben der →Soto-Schule eine der beiden vorherrschenden Schulen des Zen-Buddhismus (→Zen) in Japan. Das hervorstechende Merkmal des Rinzai ist die systematische Verwendung von →Koans zur Verwirklichung der Erleuchtung (→Satori).

Samadhi, Skrt. (jap. Sanmai oder Zanmai), wörtl.: ›Festmachen, Fixieren‹. Ein Zustand der Absichtslosigkeit und Freiheit von Gedanken. Es ist die durch die Beruhigung der Geistestätigkeit hervorgerufene Sammlung auf ein einziges Objekt. In diesem nicht-dualistischen Bewusstseinszustand wird der Meditierende mit dem Objekt der Meditation vollkommen eins. Jeglicher Dualismus und der Glaube an ein für sich bestehendes, von allem anderen getrenntes Selbst sind im Samadhi überwunden.
Dieser von allem Denken freie Bewusstseinszustand des Samadhi ist aber keine Stumpfheit oder Gefühlslosigkeit. Vielmehr handelt es sich hierbei um das hellklare Gewahrsein des Geistes.

Samantabhadra →Adi-Buddha

Samsara, Skrt., wörtl.: ›Wanderung‹. Der Kreislauf von Geburt und Tod. Das Ziel aller Buddhisten und Hinduisten ist die Befreiung aus dem Samsara und somit die Überwindung des Leidens. Es ist die Befreiung aus dem Gebundensein an das Rad von Geburt, Altern, Verzweiflung, Krankheit, Schmerz und Tod.

Satori, jap. (chin. Wu). Zen-Begriff für das Erlebnis der Erleuchtung, das heißt des Erwachens. Satori ist weit mehr als ein intuitives Begreifen des wahren Wesens bei einer Kensho-Erfahrung (→Kensho), da derjenige, der Satori erfährt, vollkommen in ihm aufgeht. Satori wird im →Zen als die Wiedergeburt des wahren Selbst beschrieben, nachdem das falsche, illusorische Selbst, der Ich-Wahn, den ›Großen Tod‹ gestorben ist.

Sesshin, jap., wörtl.: ›Sammeln des Herz-Geistes‹. Mehrtägige intensive Zazen-Sitzungen (→Zazen), unterbrochen von Vorträgen des Meisters und der Möglichkeit zum Einzelgespräch (Dokusan).

Shastra, Skrt., wörtl.: ›Lehrbuch, Belehrung‹.

Shikantaza, jap., ›Nur-Sitzen‹. →Soto-Schule

Shoshin, jap., ›Anfänger-Geist‹. Die zur Zen-Schulung unter einem Meister notwendige Geistesverfassung eines Zen-Schülers. Es ist jene offene Geisteshaltung, in der der Schüler erkennt, dass er nichts weiß. Es ist die unbedingte Voraussetzung zum Loslassen all dessen, was Sinne und Verstand zu fassen vermögen.

Shunyata, Skrt. (jap. Ku), wörtl.: ›Leere, Leerheit‹. Der Mahayana-Lehre zufolge besitzen alle Dinge keine selbstständige, dauerhafte Substanz. Alle Dinge sind leer und somit ohne Selbstnatur. Die Shunyata-Lehre ist eines der grundlegenden Merkmale des gesamten →Mahayana-Buddhismus und somit auch des →Zen. Sie ist sehr subtil und in Worten nicht aussagbar. Obwohl eine sehr umfangreiche Literatur dieses Thema behandelt, wird Shunyata nur dem wirklich voll begreiflich sein, der sie selbst in der Erleuchtungserfahrung (→Satori) erlebt hat.

Skandha, Skrt. (Pali: Khandha), ›Gruppe, Anhäufung‹. Im Buddhismus die fünf Gruppen, aus denen sich das, was man allgemein als die menschliche Persönlichkeit bezeichnet, zusammensetzt:
Körperlichkeitsgruppe (Rupa)
Empfindungsgruppe (Vedana)
Wahrnehmungsgruppe (Samjna)
Geistesregungen, psychische Formkräfte (Samskara)
Bewusstsein (Vijnana)
Das, was wir im Allgemeinen als unsere Persönlichkeit

bezeichnen, ist in Wirklichkeit nichts weiter als ein bloßer Prozess dieser psychisch-physischen Phänomene, das heißt: Sie ist nichts weiter als eine Summe unpersönlicher Daseinsfaktoren.

Soto-Schule, (chin. Tsao-tung-tsung, jap. Soto-shu). Neben der →Rinzai-Schule eine der beiden vorherrschenden Schulen des Zen-Buddhismus (→Zen) in Japan. Das Soto benutzt im Gegensatz zum Rinzai keine →Koans als Hilfsmittel, sondern praktiziert ein Zen des ausschließlichen Nur-Sitzens →Shikantaza, wörtl.: ›nichts als sitzen‹. Wegen seines Beharrens auf der Gleichsetzung des →Zazen mit der Erleuchtung (→Satori) wurde das Soto auch ›stilles Erleuchtungs-Zen‹ genannt.

Sukhavati, Skrt., ›das Glückvolle‹, das westliche Paradies, das von →Buddha →Amitabha regiert wird. Eine Wiedergeburt im Sukhavati-Paradies bewirkt, dass man nicht mehr in eine Wiedergeburt in andere Bereiche zurückfallen kann (→Nembutsu).

Sung-Dynastie, chinesische Epoche, 960-1278

Sutra, Skrt., wörtl.: ›Leitfaden‹. Sutras sind die wichtigsten Texte des Buddhismus. Die meisten Sutras sind Lehrreden →Buddhas. Im →Mahayana-Buddhismus wurden später viele zusätzliche Sutras verfasst und als autoritativ angesehen. Ihre Entstehungszeit liegt zwischen dem 1. Jh. v. Chr. und dem 6. Jh. n. Chr.

Tang-Dynastie, chinesische Epoche, 618-906; Zeit der Hochblüte des Zen-Buddhismus (→Zen).

Tao, chin., wörtl.: ›Weg‹, zentraler Begriff des →Taoismus. Das Tao ist das Absolute, das grundlegende Prinzip; die letztendliche Wahrheit. Das Tao bildet den Mittelpunkt von Lao-tses →Tao Te King und der Lehre des Chuang-tse.
Das Ziel aller Taoisten ist, im Einklang mit dem Tao zu leben. Verstandesmäßige Erkenntnis ist nicht ausreichend, es geht vielmehr darum, die Einheit, Einfachheit und →Leerheit des Tao zu verwirklichen. ›Absichtsloses Handeln‹, →Wu-wei, wörtl.: Nicht-Tun, gilt als die wesentliche Geisteshaltung eines Taoisten.

Taoismus, es gibt zwei Hauptströmungen des Taoismus , die philosophische: Tao-chia und die religiöse: Tao-chiao. Tao-chia geht auf den taoistischen Meister Lao-tse und sein Buch, das →Tao Te King zurück. Absichtsloses Handeln im Einklang mit dem →Tao gilt hier als das höchste Ideal. Der religiöse Taoismus hingegen hat die physische Unsterblichkeit zum Ziel. Es soll erreicht werden mittels Atemübungen, körperlichen Übungen und bestimmten sexuellen Praktiken.

Tao Te King, chin., wörtl.: ›Das Buch vom Tao und der wahren Tugend‹. Ein dem taoistischen Altmeister Lao-tse zugeschriebenes Werk aus dem 6. Jh. v. Chr. Als das Grundlagenwerk des →Taoismus ist das Tao Te King zugleich eines der bedeutendsten und meistübersetzten Bücher der Weltliteratur; deutsche Übertragung: Zensho W. Kopp, Lao-tse, Tao Te King, EchnAton Verlag 2017.

Tathata, Skrt., ›Soheit, So-Sein; das, was ist‹. Ein zentraler Begriff des →Mahayana-Buddhismus. Er bezeichnet das Absolute, die wahre Natur aller Dinge. Tathata liegt jenseits aller dualistischen Begriffe, es ist unveränderlich und das Gegenteil vom Scheinbaren der Phänomene. Als das So-Sein aller Dinge ist es formlos, ungeschaffen und ohne Selbstnatur.

Tathagata, Skrt., wörtl.: ›Der So-Gegangene (So-Dahingelangte, So-Gekommene)‹. Diese Bezeichnung soll als Würdetitel die Identität Buddhas als vollkommenes Wesen zum Ausdruck bringen. Als vollkommen erleuchteter →Buddha wirkt er als Vermittler zwischen dem Absoluten und der phänomenalen Welt.

Te, chin., wörtl.: ›Tugend, Wirkkraft‹. Die Wirkkraft des →Tao, wie sie sich im Menschen, der im vollkommenen Einklang mit dem Tao lebt, offenbart, nennt Lao-tse in seinem →Tao Te King: ›Te‹, die wahre Tugend. Es ist das, was man als spontanes Gelebtwerden durch das Tao bezeichnen kann.

Vedanta, Skrt. Advaita-Vedanta

Wu, chin., wörtl.: ›Nichts, Nicht-Sein‹ →Mu

Wu-hsin, chin. →Mushin

Wu-nien, chin. →Munen

Wu-wei, chin., wörtl.: ›Nicht-Tun‹, im Sinne von ›absichtslosem Handeln‹. Dieser taoistische Begriff ist aber nicht mit einem passiven Nichtstun zu verwechseln. Vielmehr meint Wu-wei die Geisteshaltung des Nicht-Eingreifens in den natürlichen Lauf der Dinge. In Wirklichkeit ist Wu-wei eine im höchsten Grade wirksame Geistesverfassung, aus der jede Aktion zu jeder Zeit möglich ist. Indem der taoistische Weise das Nicht-Tun lebt, steht er im Einklang mit dem →Tao, dessen universelle Wirkkraft gerade durch seine Aktionslosigkeit zur Geltung kommt.

Und so sagt der taoistische Altmeister Lao-tse in seinem →Tao Te King: »Das Tao ist ewig ohne Tun, doch nichts bleibt ungetan.«

Yamantaka, Skrt. →Manjushri

Zanmai, jap. →Samadhi

Zazen, jap. (chin. Tsao-chan), wörtl.: ›Sitzen in Versunkenheit‹, die im →Zen übliche Praxis der Meditation. Als die zentrale Praxis des Zen wird Zazen von allen großen Meistern des Zen als die unentbehrliche und grundlegende Übung angesehen. Zazen ist das inhaltsfreie, auf kein Objekt gerichtete Verweilen des Geistes in einem Zustand hellklarer Achtsamkeit.

Zen, jap., eine Abkürzung von ›Zenna‹, die jap. Lesart des chinesischen ›channa‹ (Kurzform ›chan‹), das wiederum eine Übertragung des Sanskritwortes ›Dhyana‹ ist. Der Zen-Buddhismus entwickelte sich im 6. und 7. Jahrhundert in China durch Bodhidharmas Übermittlung des indischen Dhyana-Buddhismus und dessen Verbindung mit dem chinesischen →Taoismus. Charakteristisch für das Zen ist seine besonders starke Ausrichtung auf die Erleuchtungserfahrung (→Satori).
Wesentlich im Zen ist auch die durch Meditation (→Zazen)

herbeigeführte Entwicklung zum intuitiven Begreifen anstelle eines intellektuellen Studiums.
Im 9. Jahrhundert entwickelten die chinesischen Zen-Meister eine neue Lehrmethode. Die Meister wendeten nun paradoxe Aussagen (→Koan) an, um ihren Schülern das Verständnis der Wahrheit jenseits des unterscheidenden, begrifflichen Denkens zu ermöglichen. Hierbei griffen sie auch oft zu handgreiflichen Methoden wie Schlagen, Treten oder Schreien, um das Auge der Erleuchtung ihrer Schüler zu öffnen. Ab dem 12. Jahrhundert forderten die Zen-Meister ihre Schüler auf, sich so lange auf ein Koan zu konzentrieren, bis sie zur Erleuchtung gelangten.

Kontaktadresse

ZEN-ZENTRUM
TAO 道禪 CHAN

Tao Chan Zentrum e.V.
Gemeinnütziger Verein
Wiesbaden

Das Zen-Zentrum Tao Chan steht unter persönlicher Leitung von Zen-Meister Zensho W. Kopp.
In den vielen Jahren seines Wirkens als spiritueller Meister hat sich eine große Gemeinschaft von Schülern um ihn gesammelt, die er regelmäßig unterweist.

Offener Zen-Tag

Zweimal im Monat veranstaltet das Zen-Zentrum Tao Chan in Wiesbaden einen offenen Zen-Tag unter der Leitung von Zen-Meister Zensho W. Kopp.

Information und Anmeldung
Tel. +49 (0)611 940 623-1 Fax -2
www.tao-chan.de
www.facebook.com/ZenZentrumTaoChan